BEI GRIN MACHT SICH IHR WISSEN BEZAHLT

- Wir veröffentlichen Ihre Hausarbeit,
  Bachelor- und Masterarbeit

- Ihr eigenes eBook und Buch -
  weltweit in allen wichtigen Shops

- Verdienen Sie an jedem Verkauf

Jetzt bei www.GRIN.com hochladen
und kostenlos publizieren

Oliver Ilg

Planung und Durchführung der Validierung von Informationssystemen bei Medizinalgeräteherstellern (Medical Device Manufacturer)

Ein Leitfaden zur retrospektiven Validierung am Beispiel der Firma XY

GRIN Verlag

Bibliografische Information der Deutschen Nationalbibliothek:

Die Deutsche Bibliothek verzeichnet diese Publikation in der Deutschen National-
bibliografie; detaillierte bibliografische Daten sind im Internet über http://dnb.d-
nb.de/ abrufbar.

Impressum:

Copyright © 2005 GRIN Verlag GmbH
Druck und Bindung: Books on Demand GmbH, Norderstedt Germany
ISBN: 978-3-640-82017-7

Dieses Buch bei GRIN:

http://www.grin.com/de/e-book/118185/planung-und-durchfuehrung-der-validie-
rung-von-informationssystemen-bei

GRIN - Your knowledge has value

Der GRIN Verlag publiziert seit 1998 wissenschaftliche Arbeiten von Studenten, Hochschullehrern und anderen Akademikern als eBook und gedrucktes Buch. Die Verlagswebsite www.grin.com ist die ideale Plattform zur Veröffentlichung von Hausarbeiten, Abschlussarbeiten, wissenschaftlichen Aufsätzen, Dissertationen und Fachbüchern.

Besuchen Sie uns im Internet:

http://www.grin.com/

http://www.facebook.com/grincom

http://www.twitter.com/grin_com

Planung und Durchführung der Validierung von Informationssystemen bei Medizinalgeräteherstellern (Medical Device Manufacturer)

Ein Leitfaden zur retrospektiven Validierung am Beispiel der Firma XY

Einzeldiplomarbeit

Zürich, 13. April 2005 (Einreichdatum)

Validierung

Abbildung 1: Validierung, Qualität [1]

Qualität

Zielsetzung dieser Diplomarbeit ist es, einen Leitfaden zur retrospektiven Validierung einer IT Infrastruktur anzubieten. Ausserdem soll der Lesende in die Validierungsthematik eingeführt und durch wertvolle Hinweise auf weiterführende Literatur ein vertieftes Verständnis der Thematik erlangen.

Die Arbeit gliedert sich in vier Hauptteile. Im ersten Teil, der Ausgangslage, wird das gesetzliche Umfeld in welchem sich die Validierung bewegt geschildert, eine Einführung in die Validierungsterminologie findet statt und die Firma anhand welcher die retrospektive Validierung an einem praktische Beispiel durchgeführt wurde wird vorgestellt.

Die Ziele der Arbeit, die inhaltliche Abgrenzung sowie die methodische Vorgehensweise werden nach dem ersten Teil erläutert.

Im zweiten Hauptteil, den theoretischen Grundlagen, wird die Basis für die Validierung erschaffen. International anerkannte Hilfsmittel und Leitfäden werden vorgestellt. Diese werden in einer Literaturdiskussion verglichen. Allgemeine Projektvorgehensmodelle werden geschildert und bezüglich der Validierung miteinander verglichen. Abgeleitet aus dem bereits bestehenden V-Modell zu prospektiven Validierung wird ein V-Modell zur retrospektiven Validierung einer IT-Infrastruktur eingeführt und beschrieben. Diese dient als Basis für die praktische Umsetzung, welche im dritten Hauptteil, „Praktische Umsetzung am Beispiel der Firma XY", beschrieben wird.

Im dritten Hauptteil werden anhand des erarbeiteten V-Modells zur retrospektiven Validierung werden die einzelnen, durchgeführten Validierungstätigkeiten am Beispiel der Firma XY chronologisch beschrieben und erörtert.

Im vierten Hauptteil werden aufgrund der gemachten Erfahrungen wertvolle, kritische Erfolgsfaktoren erörtert, der Nutzen einer Validierung näher erörtert und Schlussfolgerungen gezogen. Diese werden ergänzt durch vier Interviews, welche im Rahmen dieser Arbeit mit in der Validierung tätigen Personen durchgeführt wurden. Die Interviews reflektieren über die gemachten Erfahrungen.

Bezüglich der prospektiven Validierung ist bereits sehr viel Literatur vorhanden. Im Bereiche der hier beschriebenen retrospektiven Validierung hält sich das Volumen in Grenzen. Die vorliegende Arbeit soll einen Beitrag dazu leisten diesen Bereich der Validierung besser auszuleuchten. Der rote Faden bildet dabei immer die praktische Ausrichtung auf die Thematik der retrospektiven Validierung einer IT Infrastruktur. Der Lesende wird somit in allen beschriebenen Bereichen konsequent mit wertvollen Informationen versorgt und soll ein ganzheitliches Bild von der Planung der Validierung über deren Umsetzung bis zum Erhalt des validierten Zustandes erhalten.

II

Inhaltsverzeichnis

Inhaltsverzeichnis

Diese Diplomarbeit ist im Rahmen meines berufsbegleitenden Wirtschaftsinformatik Studiums an der Fachhochschule Zürich entstanden.

Die Bereiche der Qualitätssicherung und des Prozesswesens haben mich als angehenden Wirtschaftsinformatiker seit Beginn fasziniert. Einerseits birgt der sinnvolle Einsatz von Informations- und Kommunikationstechnologien nach wie vor ein grosses Potential, andererseits ist es von grosser Bedeutung, die Dokumentation und Sicherstellung der Betreuung dieser Systeme ebenfalls zu gewährleisten.

Die Technologie, sowie deren Dokumentation und Verwaltung gehören meines Erachtens für einen erfolgreichen, langfristigen und stabilen Einsatz der Systeme immer zusammen. Mit diesem Leitfaden zur retrospektiven Validierung will ich einen Beitrag zu dieser Thematik leisten.

Mein Dank gilt allen Gesprächspartnern, welche mit ihren Meinungen, Ideen und Statements einen Beitrag zum Gelingen meiner Arbeit geleistet haben. Ein besonderer Dank geht an meinen Referenten Till Jostes, der es verstanden hat, mich mit seinem gezielten Feedback und seiner kritischen Würdigung meiner Arbeit und Ideen immer noch einen Schritt vorwärts zu bringen. Danken möchte ich auch XY, XY, XY, XY, XY und XY die mich als Interview- und Gesprächspartner tatkräftig unterstützt haben. Besonderer Dank gilt meiner Freundin, die mit Verständnis und Motivation während der Zeit, an der ich an dieser Diplomarbeit arbeitete, eine tolle Stütze war.

Schliesslich weise ich daraufhin, dass die vorliegende Arbeit zur besseren Leserlichkeit in der männlichen Form verfasst wurde. Alle Ausdrücke beziehen sich jedoch auch auf die weibliche Form.

Zürich, 11. April 2005   XY

Annex 11	Der Anhang „Computergestützte Systeme" zum EU-GMP Leitfaden.
APV	Allgemeine Praxisverordnung. Eine Fachgruppe, die Richtlinien erstellt.
CEN	Europäisches Komitee für Normung.
cGxP	C Current version of GxP (see GxP) x ist Platzhalter für M Manufacturing (GMP), C Clinical (GCP), L Laboratory (GLP), V Validation (GVP) oder D Distribution (GDP)
CSAT	Customer Satisfaction (Kundenzufriedenheit)
DIS	Draft International Standard
FE500	Diagnostik-Geräte der Firma XY.
GAMP	Good Automated Manufacturing Practice. Ein technisches Unterkomitee der ISPE. GAMP ist ein Leitfaden zur Validierung automatisierter Systeme
GENLEC	European Committee for Electrotechnical Standardization.
GHTF	Global Harmonization Taskforce: Eine Gruppe von Vertretern zusammengesetzt aus Repräsentanten regulatorischer Behörden für Medizinalgeräte und Vertretern aus dem Industriesektor.
i.e.	Das heist (Lateinisch: Id Est)
IEC	International Electrotechnical Commission
IS	Informations-System/e
ISO	International Organization for Standardization
ISO/TMB	ISO Technical Management Board
IT	Informations-Technologie/n
IUK	Informations- und Kommunikationstechnologien
Medical Devices	Medizinalgeräte
PIC/S	The Pharmaceutical Inspection Convention and Pharmaceutical Inspection Co-operation Scheme. Zwei internationale Instrumente zwischen Ländern und pharmazeutischen Inspektionsbehörden, welche zusammen eine aktive und konstruktive Kooperation im GMP Umfeld bieten.
PIP	Product Innovation Process. Prozess zur Produkte-entwicklung bei XY
Policy	Eine gesammelte Anzahl von Regeln.
QMS	Qualitätsmanagement-System
QSR	Quality System Regulation. Von der FDA neu verwendeter Begriff für Good Manufacturing Practices.
SN EN ISO 19485	ISO Norm „Medizinprodukte - Qualitätsmanagementsysteme - Systemanforderungen zur Erfüllung gesetzlicher Anforderungen".
SN EN ISO 9001:2000	ISO Norm „Qualitätsmanagementsysteme – Anforderungen".
TC	Technical Committee. Ein technischer Ausschuss der ISO.
WHO	World Health Organization

Anwender	Die Gesundheitsfürsorge-Kunden oder Anwenderorganisationen, die einen Lieferanten vertraglich verpflichtet, ein Produkt zu liefern. Im Rahmen dieser Diplomarbeit wird der Begriff Anwender also nicht nur für die Person verwendet, die das System anwendet, sondern auch für ihre Organisation, und ist damit synonym mit dem Begriff Kunde.
Anwendungssystem	Ein Anwendungssystem ist ein System, das Software-Komponenten enthält. Im weiteren Sinne umfaßt es eine Menge von inhaltlich zusammengehörigen Aufgagen, die darür verantwortlichen Menschen als Aufgabenträger und die zur Erfüllung eingesetzte technische Ausstattung. Im engeren Sinne wird darunter oft ein Anwendungsprogramm (d.h. das reine Software-System) verstanden, das eine spezifische Aufgabe unterstützt. Zum Anwendungsprogramm gehören auch die entsprechenden Daten.
Lebenszyklusmodell	Der Lauf der Veränderung durch welchen ein System geht von seiner Konzeption bis zur Beendigung des Gebrauchs. D.h. Die Phasen und Aktivitäten verknüpft mit der Analyse, Ackquisition, Design, Entwicklung, Test, Integration, Betireb, Unterhalt und Modifikation des Systems.
Lieferant	Jede Organisation oder Person, die sich dem Anwender direct vertraglich verpflichtet, ein Produkt zu liefern.
Validierung	Beweisführung in Übereinstimmung mit den Grundsätzen der Guten Herstellungspraxis, daß Verfahren, Prozesse, Ausrüstungsgegenstände, Materialien, Arbeitsgänge oder Systeme tatsächlich zu den erwarteten Ergebnissen führen.

1 Ausgangslage

1 Ausgangslage

In diesem Kapitel wird die Ausgangslage für die Arbeit definiert. Das Kapitel ist unterteilt in 1.1 Unternehmen, 1.2 Gesetze, Normen und Standards, sowie 1.3 Validierungsterminologie.

Ziel dieses Kapitels ist es, den Leser in die Validierungsthematik einzuführen und die grundlegenden Rahmenbedingungen zu definieren.

Aufgrund der Aktualität des behandelten Gebiets Validierung ist die Mehrzahl der hier referenzierten Quellen im Internet zu finden. Der besseren Lesbarkeit halber sind die Fuss/Endnoten im Quellenverzeichnis, Unterkapitel Endnotenverzeichnis ersichtlich.

1.1 Unternehmen

1.1.1 Über XY

XY ist eine führende Anbieterin von Lösungen innerhalb der Life-Science-Zulieferindustrie. Die Gesellschaft ist auf die Entwicklung, Herstellung und den Vertrieb von Lösungen für die Erforschung pharmazeutischer Wirksubstanzen sowie für die Bereiche Genomics, Proteomics und Diagnostics spezialisiert. Die Kunden von XY sind führende Pharma- und Biotechnologieunternehmen, Forschungsabteilungen von Universitäten und diagnostische Laboratorien auf der ganzen Welt. [2]

1.1.2 Geschichte der Firma XY

Nachfolgend die abgekürzte, chronologisch geordnete Firmengeschichte von XY:

1980:   Gründung der Firma XY

1982-1986:   Eintritt auf dem amerikanischen und asiatischen Markt

1986:   „Schweizer Unternehmen des Jahres"

1987:   Kotierung an der Schweizer Börse

1992:   Gründung einer Tochterfirma in Japan

1997:   Übernahme der Aktienmehrheit durch PerkinElmer

1999:   Umstrukturierung und Verkauf der Aktienmehrheit durch PerkinElmer

2000:   Neubau des Hauptfirmensitzes in Männedorf

2005:   Abschluss der IT Validierungsarbeiten im Hauptsitz, Gründung einer Ländergesellschaft in China, Erreichung der ISO 13485:2003 Zertifizierung [3]

1.1.3 Validierung und Qualitätsmanagement bei XY

Bis Dezember 2003 hat XY Ihre Geräte verifiziert. Die Steuerung der Verifikation fand über den Product Innovation Process (PIP) statt. Für die Validierung von XY's Laborgeräten im laufenden Betrieb waren die Kunden selbst verantwortlich. Die bis zu diesem Zeitpunkt durchgeführten Verifikationen der Geräte haben bereits einen grossen Teil der Validierungsanforderungen abgedeckt.

Im Rahmen der Erreichung der Compliance zur IVDD wurde eine Validierung der XY Produkte, sowie der zugrunde liegenden unterstützenden Prozesse unumgänglich. Im Dezember 2003 wurde in Zusammenarbeit mit TÜV Rheinland resultierend aus den IVDD Compliance-Bestrebungen die Grundlagen für eine weltweite Validierung der XY Produkte, deren unterstützender Systeme sowie der XY Prozesse gelegt. [4]

In der Folge der genannten Validierungsbestrebungen wurde eine Standardarbeitsanweisung (SOP) für die Validierung der IT erstellt und freigegeben, die SOP „Validation of IS/IT". Danach wurde ein Master Validation Plan (MVP) „Newton Compliance" erstellt, der auch Validierungstätigkeiten der IT-Infrastruktur festlegte. Ausgehend von diesem Dokument wurde die retrospektive Validierung der XY IT-Infrastruktur , gelenkt vom Validation Plan (VP) „IS/IT Infrastructure" durchgeführt, welche im praktischen Teil dieser Diplomarbeit skizziert und erläutert wird.

Die im Hauptsitz gestarteten IT Validierungsaktivitäten sind zum jetzigen Zeitpunkt grösstenteils abgeschlossen und werden derzeit auf alle Länderorganisationen appliziert. Die Schilderung dieser Applizierung bezüglich der IT-Infrastruktur, sowie deren zugrunde liegender Dokumentation, Policies, Prozesse und SOPs wird im praktischen Teil erläutert.

1.2 Gesetze, Normen und Standards

Die in diesem Kapitel beschriebenen Gesetze, Normen und Standards beziehen sich auf die an XY weltweit gestellten Qualitäts- und Validierungsanforderung Da XY mit seinen Produkten weltweit präsent ist, müssen auch die entsprechenden länderspezifischen Standards erfüllt werden.

1.2.1 Historischer Ursprung

Ursprünglich aus den USA, nämlich von der FDA (Food & Drug Administration) stammen Gesetze, welche grundsätzliche Anforderungen an Produktionsanlagen festlegen (cGMP, current Good Manufacturing Practice).

Weltweite Bedeutung erlangten entsprechende Anforderungen erstmals durch ein Papier aus dem Jahre 1968, welches dann nach verschiedenen Überarbeitungen im Jahre 1975 von der 28. Weltgesundheitsversammlung unter der Bezeichnung "Good Practices in the Manufacture and Quality Control of Drugs" als Resolution WHA 28.65 angenommen wurde.

Aus dem Jahre 1970 stammt ein Übereinkommen, demzufolge zehn europäische Länder gegenseitig Inspektionen betreffend der Herstellung pharmazeutischer Produkte anerkennen. Die Inspektionen werden hierbei auf Basis der PIC-Richtlinien (Pharmaceutical Inspection Convention) durchgeführt (1983 hat die PIC ihre Richtlinien weitgehend mit dem WHO-GMP-Regeln abgeglichen).

Auf europäischer Ebene verdient zunächst die Richtlinie 91/356/EWG besonderer Erwähnung. Darin sind die Grundsätze und Leitlinien der Guten Herstellungspraxis festgelegt, allerdings in sehr allgemeiner Form. Detailliertere Angaben sind im Band IV des EG-Regelungswerkes "Die Regelung der Arzneimittel in der Europäischen Gemeinschaft" enthalten. Mit der "Betriebsverordnung für Pharmazeutische Unternehmer" in der Fassung vom August 1994 wurde die Rechtsgrundlage zur umfassenden Durchsetzung des EU-GMP-Leitfadens in der Schweiz geschaffen. Eine der wesentlichen Forderungen des EU-GMP-Leitfadens ist die sogenannte "Validierung" von Computersystemen.

Im EU-GMP-Leitfaden gibt es zu diesem Begriff eine Definition:

„Beweisführung in Übereinstimmung mit den Grundsätzen der Guten Herstellungspraxis (WIE DOKUMENTIERT), daß Verfahren, Prozesse (SOPs), Ausrüstungsgegenstände, Materialien, Arbeitsgänge oder Systeme tatsächlich zu den erwarteten Ergebnissen (LAUFEN INNERHALB DER KOSTEN RETROSPEKTIV) führen."

Im Wesentlichen geht es also um die Art und Weise, wie ein entsprechendes Produkt erzeugt wird, insbesondere um die dabei zu erstellende Dokumentation.

Das Mutual Recognition Agreement (MRA): Ziel der Vereinbarung zwischen den U.S.A., Kanada und Europa ist die gegenseitige Anerkennung durchgeführter Inspektionen und der entsprechenden Reports. 1:Betroffene Produkte, Ausnahmen und 2. Übergangsphase (transition period). [5]

1.2.2 Länderspezifische Gesetze, Normen und Standards

Aus dem vorhergehenden Abschnitt ersichtlich präsentiert sich eine sehr grosse Vielfalt von Gesetzen und Normen, welche sich jedoch zu einem grossen Teil überschneiden. Aufgrund dieser Vielfalt haben sich Arbeitsgemeinschaften gebildet, welche die legalen Anforderungen aufgreifen, abgleichen und den Unternehmen Leitfäden als Hilfsmittel zur Durchführung ihrer Validierungstätgkeiten zur Verfügung stellen. Die für die retrospektive Validierung einer IT-Infrastruktur relevanten Leitfäden werden im Kapitel 5.1 Hilfsmittel und Leitfäden beschrieben.

1.2.2.1 Europäische Gesetzgebung

Computergestützte Systeme nehmen hinsichtlich der Validierung eine besondere Stellung ein. Dies rührt nicht zuletzt daher, daß man Software nicht mit ihren Eigenschaften (Form, Farbe, Zusammensetzung, etc.) beschreiben kann.

1.2.2.1.1 EU-GMP

Das EU-GMP Regelwerk beschreibt die allgemeine, gute Herstellpraxis in Bezug auf die Produktion jeglicher Art von Anlagen. Die relevanten GMP Bereiche des Regelwerks werden im Folgekapitel 1.2.2.2 US-Amerikanische Gesetzgebung" detaillierter geschildert, da sich diese an die GMP-Forderungen der USA anlehnen, respektive aus diesen entstanden sind.

1.2.2.1.2 IVDD 98/79/EC

Definitionsgemäß gilt die IVD-Richtlinie für in-vitro-Diagnostica und Zubehör, definiert als Reagenzien, einschließlich Kalibratoren und Kontrollmaterialien, die von ihrem Hersteller vorgesehen sind, um zum Vergleich von Messdaten oder zur Prüfung der Leistungsmerkmale eines In-vitro-Diagnosticums im Hinblick auf die bestimmungsgemäße Anwendung zu dienen, Geräte und Systeme, die vom Hersteller zum Zwecke der "In-vitro-Untersuchung von aus dem menschlichen Körper stammenden Proben" in den Verkehr gebracht werden, das erforderliche Zubehör sowie primäre Probenbehältnisse. [6]

Die IVDD ist für die XY Geräte relevant, jedoch nicht für die retrospektive Validierung der IT-Infrastruktur. Es wird daher nicht näher darauf eingegangen.

1.2.2.2 US-Amerikanische Gesetzgebung

Die US-Amerikanische Gesetzgebung hinsichtlich der Sicherstellung von Qualität wird in den GMPs, den Good Maufacturing Practices widergespiegelt. Für die retrospektive Validierung der IT-Infrastruktur insbesondere relevant sind die beiden Bereiche

*   21 CFR Part 11 und
*   21 CFR Part 820.

Dies beiden Regulatorien werden in den folgenden beiden Unterkapiteln genauer erläutert.

Die Benennung GMP wird durch die FDA auf Dauer durch den Begriff Quality System Regulation (QSR) ersetzt. Dies gilt jedoch nur für den Medizinalgerätebereich.

1.2.2.2.1 21CFR Part 11

Der 21 CFR Part 11 der FDA Quality System Regulation ist relevant für die Validierung computerisierter Systeme, speziell für ERP Anwendungen. Kaum eine Vorschrift der letzten Jahre hat in den Laboren von Forschung, Entwicklung und Produktion für so viel Unruhe gesorgt, wie die 21 CFR Part 11 der FDA. Und das nicht nur im Bereich der pharmazeutischen Qualitätskontrolle. Dennoch ist es erstaunlich, daß in vielen Bereichen über eine Umsetzung des Regelwerkes nicht konsequent nachgedacht wird. Hier will ich aufzeigen, wie die Regularien der FDA im Bereich der Datenerfassung und Steuerung am Beispiel von Lesegeräten umgesetzt werden.

Die 21 CFR Part 11 erschien bereits im März 1997. Das Regelwerk beschreibt exakt, unter welchen Bedingungen die amerikanische Überwachungsbehörde elektronische Datenaufzeichnungen akzeptiert. Zuvor wurden ausschliesslich klassische Papieraufzeichnungen mit handschriftlicher Unterschrift akzeptiert, um die Zulassung pharmazeutischer Produkte zu erreichen. Inzwischen ist die 21 CFR Part 11 für den gesamten amerikanischen Pharmaziemarkt sowie in einer Vielzahl medizinischer Industriezweige verbindlich und gilt weltweit auch für Unternehmen, die ihre Produkte in die USA exportieren wollen. Auch innerhalb der europäischen Gemeinschaft und der Schweiz faßt die 21 CFR Part 11 mehr und mehr Fuß oder es wird an ähnlichen Vorschriften gearbeitet.

Wozu dient die 21 CFR Part 11?
Die 21 CFR Part 11 soll eine unbeabsichtigte Veränderung von aufgezeichneten Daten oder die absichtliche Manipulation von Meßwerten verhindern bzw. erschweren. Um Unregelmäßigkeiten bei der Datenerfassung zu erkennen, müssen dazu – möglichst ohne den routinemäßigen Ablauf der Datenerfassung zu stören – im Hintergrund sämtliche Schritte der Datenerfassung und damit natürlich auch jede Veränderung der Daten protokolliert werden. Dies nennt sich „Audit Trail". Diese Audit Trails sollen dem Anwender und den Prüforganen schnell und übersichtlich darstellen, ob es bei der Datenerfassung zu Unregelmäßigkeiten gekommen ist. Es gibt – dessen sind sich auch Prüforganisationen wie die FDA bewußt – keinen hundertprozentigen Schutz vor Datenmanipulationen. Allerdings sollten diese zumindest mit den heute vorhandenen technischen Möglichkeiten erschwert werden. Damit pharmazeutische Unternehmen regelkonform zur der 21 CFR Part 11 arbeiten können, müssen neben den erforderlichen Schulungsmaßnahmen des Personals auch Softwareprodukte eingesetzt werden, die ebenfalls diesen Regularien entsprechen.

Die Softwareprodukte unterstützen die Nutzer bei der Umsetzung der Konformität mit den entsprechenden Funktionen, die eigentliche Verantwortung liegt aber stets in der Umsetzung der Regularien durch den Anwender.

Automatische Datenerfassung – Electronic Records
Wie oben beschrieben sollen durch die Umsetzung der 21 CFR Part 11 unter anderem drei Aspekte beachtet werden: Elektronische Aufzeichnungen, elektronsiche Unterschriften und der Schutz vor unberechtigten oder unbeabsichtigten Zugriffen. Jedes System, das elektronische Daten erfaßt und daraus Berichte erstellt, muß den Anforderungen von Part 11 genügen. Bevor jedoch die Erfüllung der Anforderungen eines Systems geprüft wird, sollten die Nutzer dieses Systems fundamentale GxP Prinzipien kennen und verstehen und über entsprechende Vorkenntnisse verfügen. So sollte eine SOP (Standard Operation Procedure) zur Prüfung des Systems erstellt werden. Diese Überprüfung muß beschreiben, daß die Aufzeichnungen genau, zuverlässig und vor ungewollten Änderungen geschützt sind. Diese Überprüfung sollten durch entsprechende Zertifikate des Herstellers unterstützt werden.
Des weiteren müssen die Anwender regelmäßig trainiert werden, damit die eingesetzten System (Geräte unklusive Software) richtig genutzt werden. Diese Trainingsmaßnahmen können sowohl durch interne Hausschulungen erfolgen, als auch von den Geräteherstellern durchgeführt werden. Letztendlich ist der Nutzer des Systems für die korrekte Datenerfassung und den daraus resultierenden Bericht verantwortlich. Durch die „elektronische Signatur" wird diese Verantwortlichkeit dokumentiert. Welche grundlegenden Funktionen sollte nun ein System, bestehend aus Software und Hardware besitzen, um diese Forderung zu erfüllen?

1 - Schutz vor unberechtigtem Zugriff (Systemadministrator / Multi User Zugriff)
Ein Systemadministrator erzeugt und pflegt eine Liste mit Personen, die besondere Zugriffsrechte haben. Er definiert so genannte Standardnutzer und Nutzer mit erweiterten Rechten und spezifiziert, welche Funktionen vor dem Zugriff eines Standardnutzers geschützt werden müssen. Der Administrator vergibt auch spezielle Paßworte und Login-Eigenschften, die den Mißbrauch von Paßwörtern vermeiden sollen. Medet sich versehentlich ein Nutzer mit einem falschen Paßwort an, erscheint einen Fehlermeldung.

2 - Nutzung der Software durch verschiedene Benutzer (Multi User Zugriff)
Jeder Nutzer ist durch eine einmalige Kombination aus User ID und verschlüsseltem Paßwort definiert. Beim Start der Software werden diese Parameter abgefragt und erlauben so den Zugriff eines definierten Nutzers mit definierten Rechten. Diese Rechte dürfen ausschliesslich durch den Systemadministrator vergeben werden.

3- Audit Trail Funktionen mit Zeitstempel
Die Software verfügt über drei verschiedenen Audit Trail Funktionen. Jegliche Aktivitäten am System wie das An- und Abmelden von Nutzern (System Audit Trail), Veränderungen an Protokollen (Protocol Audit Trail), Erzeugung von Dateien, aber auch die Veränderung von Daten (Data Audit Trail) werden permanent protokolliert. Diese Protokolle sind fester Bestandteil der Software, können nicht verändert werden und sind in einer sicheren Datenbank gespeichert.

4-Eingebettete elektronische Signaturen
Vom Systemadministrator autorisierte Nutzer können Protokoll- und Datendateiein signieren lassen. Diese elektronischen Signaturen sind dauerhaft und verbleiben als fester Bestandteil der Datei. Diese Signaturen bestehen aus zwei eindeutigen Teilen: Einem, ID-Code (Paßwort und Namen) sowie einer Begründung der Signatur

5-Sichere Speicherung aller relevanten Daten in einer geschützten Datenbank
Alle Software eigenen Dateien werden in einer sicheren Datenbank mit geteilten Zugriffsrechten (Netzwerknutzung) gespeichert. Jegliche Veränderung an Dateien, die Bestandteil dieser Datenbank sind, werden protokolliert und sind Bestandteil des System Audit Trails.
Durch den Einsatz der Signatur im Zusammenspiel mit der Datenerfassung werden die 21 CFR Part 11 Anforderungen vollständig erfüllt. Ein wesentlicher Vorteil der Signatur ist der Einsatz auf einem handelsüblichen PC mit minimalen Rechneranforderungen. So sind auch der Nutzer, sein PC und seine Daten „CFR compliant" [7]

1.2.2.2.2   21 CFR Part 820, QSR

Den wohl bedeutendsten Gesetzestext der FDA bezüglich der Validierung computerisierter Systeme bildet die „21 CFR Part 820 Medical Devices; CGMP" der Quality System Regulation (QSR). Das Regelwerk umfaßt rund 60 DIN A4 Seiten, ist verständlich verfaßt und kann unter der folgenden Internet Adresse frei bezogen werden:
http://www.fda.gov/cdrh/fr1007ap.pdf

Die 21CFR Part 820, QSR gibt für die retrospektive IT-Infrastruktur Validierung Richtlinien vor. Die QSR umfaßt die folgenden Bereiche. (Die für die hier beschriebene Validierung releventanten Abschnitte sind markiert):

QSR Requirements
- 820.20 Management responsibility
- 820.22 Quality Audit
- 820.25 Personnel
820.30 Design Controls
820.40 Document Controls
820.50 Purchasing Conrols
820.60 Identification and 820.65 Traceability
Production and Process Controls
- 820.70 Production and Process Controls
- 820.72 Inspections, measuring and test
- 820.75 Process Validation
Acceptance Activities
- 820.80 Receiving, in process and finished device acceptance
- 820.86 Acceptance status
820.90 Nonconfirming Product
820.100 Corrective and preventive Action
Labelling and Packaging
- 820.120 Device Labelling
- 820.130 Device Packaging
820.140 Handling, 820.150 Storage, 820.160 Distribution and 820.170 Installation
Records
- 820.180 General Requirements
- 820.181 Device Master Record
- 820.184 Device History Record
- 820.186 QS Record
- 820.198 Complaint Files
820.200 Servicing
820.250 Statistical Techniques
[8]

Jeder der oben erwähnten Bereiche definiert exakt die regulatorischen Anforderungen, welche im entsprechenden Bereich von Herstellern abgedeckt werden müssen.
Um sich nicht durch alle Gesetzestexte durchzuarbeiten und für die Durchführung der Validierung das Rad neu zu erfinden, empfehle ich das Studium der in Kapitel 5.1 definierten Leitfäden.

1.2.3 Schweizer Gesetzgebung

Die schweizerische Gesetzgebung im Medizinalgerätebereich wird vorwiegend durch die swissmedic, das Schweizerische Heilmittelinstitut vorgegeben. Die swissmedic hat sämtliche ihrer Vorgaben auf den europäischen und US-amerikanischen Markt ausgerichtet. Dies bedeutet konkret, daß Geräte in der Schweiz zugelassen werden, wenn die anwendbaren ISO Normen eingehalten werden und der Hersteller belegt, daß er die Gute Herstellpraxis der EU und USA einhält. Es wird daher auf die Schweizerische Gesetzgebung nicht näher eingegangen.

Die Homepage der swissmedic ist übersichtlich gestaltet und ist mit zahlreichen Verweisen auf weiterführende Literatur ausgestattet. Die Internet Adresse lautet: http://www.swissmedic.ch [9]

1.3 Validierungsterminologie

Validierung bedeutet generell:
Die dokumentierte Beweisführung in Übereinstimmung mit der Guten Herstellpraxis, dass Verfahren, Prozesse, Ausrüstungsgegenstände, Materialien, Arbeitsgänge oder Systeme tatsächlich zu den erwarteten Ergebnissen führen und dies auch in Zukunft mit hoher Wahrscheinlichkeit tun werden. [10]

Der Term umfaßt die Begriffe Verifizierung, Qualifizierung und Validierung.

1.3.1 Prospektive Validierung

Prospektive Validierung bedeutet generell:
Die dokumentierte Beweisführung in Übereinstimmung mit der Guten Herstellpraxis, dass Verfahren, Prozesse, Ausrüstungsgegenstände, Materialien, Arbeitsgänge oder Systeme tatsächlich zu den erwarteten Ergebnissen führen und dies auch in Zukunft mit hoher Wahrscheinlichkeit tun werden. [10]

Bei der prospektiven Validierung wird das zu validierende System erstellt, mit der Herstellung validiert und danach freigegeben.

1.3.2 Retrospektive Validierung

Retrospektive Validierung bedeutet generell:
Die dokumentierte Beweisführung in Übereinstimmung mit den Grundsätzen der Guten Herstellpraxis, daß Verfahren, Prozesse, Ausrüstungsgegenstände, Materialien, Arbeitsgänge oder Systeme tatsächlich zu den erwarteten Ergebnissen geführt haben, führen und diesen in Zukunft mit großer Wahrscheinlichkeit auch entsprechen werden. [10]

Interpretation und Umsetzung:
Für die retrospektive Validierung der IT Infrastruktur heist dies, dass die Dokumentation der Vergangenheit aufbereitet und mit den Grundsätzen der guten Herstellpraxis verglichen werden muß. Der Erfahrungsbericht beschreibt die Zustände und Entwicklungen der vergangenen Jahre.
Der Validierungsplan fast das gesamte Validierungsprojekt zusammen und legt die Masse für den Erfolg und Kriterien für die abschliessende Akzeptanz fest

1.3.3 Begleitende Validierung / Concurrent Validation

Die begleitende Validierung, auch „Concurrent Validation" genannt, ist eine retrospektive Validierung in der die laufenden Änderungsanforderungen ebenfalls validiert werden. Dies macht die begleitende Validierung zur teuersten Validierung, da sich das Ziel ständig ändert und somit die Lenkungsdokumente kontinuierlich angepasst werden müssen

2 Zielsetzung

Primäres Ziel dieser Diplomarbeit ist es, einen Leitfaden zur retrospektiven Validierung einer IT-Infrastruktur zur Verfügung zu stellen. Der Leser wird in das Gebiet der Validierung eingeführt und erhält einen einen Einblick in die weltweit herrschenden Gesetze, Normen und Standards, welche für die IT-Infrastruktur Validierung relevant sind. Zusätzlich wird auf wertvolle, weiterführende Literaturquellen verwiesen, welche einen vertieften Einblick in die beschriebenen Gebiete geben.

Der Leitfaden beschränkt sich jedoch nicht auf die Planung und Durchführung einer retrospektiven Validierung der IT-Infrastruktur, sondern gibt Hilfestellung zur Durchführung sämtlicher Validierungstätigkeiten von der Projektinitialisierung bis zur Stilllegung des Systems.
Des weiteren gibt der Leitfaden Hilfestellung zur Einführung des Änderungswesens, welches sicherstellt, daß das System auch in Zukunft in validiertem Zustand verbleibt.

Der theoretische Teil schildert detailliert die relevanten Vorgehensmodelle.

Anhand der Firma XY wird die Planung und Durchführung mit Beispielen ergänzend beschrieben.

Die Betrachtung kritischer Erfolgsfaktoren und Interviews mit in den Validierungsprojekten tätigen Mitarbeitenden runden diesen Leitfaden ab.

3 Inhaltliche Abgrenzung

Dieser Leitfaden ist auf die retrospektive Validierung der IT Infrastruktur ausgerichtet. Um den Leser in die Validierung einzuführen werden in der Ausgangslage, sowie im theoretischen Teil benachbarte Validierungsbereiche ebenfalls beleuchtet. Dies soll der besseren Positionierung, sowie der Verknüpfung verschiedener Validierungstätigkeiten dienen.

Um den Begriff „IT Infrastruktur" klar abzugrenzen sei dieser wie folgt definiert:
„Alle computerisierten Systeme inklusive der damit in Verbindung gebrachten Hardware, Software, den Netzwerkkomponenten sowie der dazugehörigen Dokumentation um das XY Geschäft zu betrieben" Ausserhalb dieses Bereiches liegen Systeme und Software, welche als Applikationssysteme betrieben werden, sowie auch jegliche Art von Gerätesteuerungssoftware.

Auf die Software Validierung wird in dieser Diplomarbeit nicht eingegangen. Die Validierung von Produkten, Applikationssystem (z.B. ERP Systeme) wird in dieser Arbeit ebenfalls nicht behandelt. Ferner wird auf den Betrieb von nicht validierten Systemen ebenfalls nicht eingegangen.

Der Leitfaden richtet sich nur auf alle den Betrieb unterstützenden Hardware-, Software- und Netzwerksysteme. In welchem Umfang er als Leitfaden für die prospektive Arbeit eingesetzt wird, bleibt der Entscheidung des einzelnen Unternehmens überlassen.

Es sei ferner angemerkt, daß andere akzeptable Modelle als die in diesem Leitfaden beschriebenen existieren, die in der Lage sind, das Ziel einer adäquaten Validierung automatisierter Systeme zu erreichen. Dieser Leitfaden stellt in keinem Fall irgendwelche Beschränkungen für die Entwicklung neuer Konzepte oder neuer Techniken auf, die für die Erreichung dieses Ziels nützlich sein können.

4 Methodische Vorgehensweise

In der Ausgangslage werden die Rahmenbedingungen, in welcher sich die retrospektive Validierung einer IT Infrastruktur befindet, definiert. Die Basis hierfür bildet ein ausgeprägtes Literaturstudium, welches sich aufgrund der Aktualität des Themas vorwiegend auf im Internet veröffentlichte Quellen stützt. Aus den Quellen werden die Rahmenbedingungen skizziert. Diese sind: Beschreibung der Firma XY, weltweit gültige gesetzliche Richtlinien und Einführung in die Validierungsterminologie. Die Ausgangslage ist dabei immer darauf ausgerichtet, den interessierten Lesenden in die Thematik einzuführen und bietet jeweils einen Fundus an weiterführender Literatur zu Vertiefung in spezifische Themengebiete.

Der theoretische Teil befasst sich mit Hilfsmitteln und Leitfäden, welche Ansätze zur Umsetzung der regulatorischen Anforderungen anbieten. In der Literaturdiskussion werden die gängien Quellen, sowie deren Unterschiede und Gemeinsamkeiten erörtert. Des weiteren befasst sich der theoretische Teil mit der Erarbeitung allgemein gültiger Grundsätze zum Projektvorgehen und bildet diese auf die durch die Validierung gestellten Forderungen ab. Daraus wird ein Vorgehensmodell zur Durchführung einer retrospektiven Validierung hergeleitet.

Der praktische Teil befasst sich mit der Durchführung der retrospektiven Validierung am Beispiel der Firma XY. Das im theoretischen Teil erarbeitete Modell wird als integrierender Bestandteil der Validierung somit in der Praxis angewendet. Im praktischen Teil wird somit der eigentliche Leitfaden erarbeitet.

Abschliessend wird die durchgeführte Validierung mit den theoretischen Validierungsgrundlagen verglichen, Vor- und Nachteile werden erörtert und der Validierungsansatz wird kritisch hinterfragt. Wie dies auch in der Validierung der Fall ist, findet in diesem Teil somit die Qualifizierung gegen die erarbeitete Theorie statt.

Ebenfalls in Anlehnung an die Validierungstätigkeiten runden die Schlussfolgerungen und Empfehlungen diese Arbeit ab. Mehrere durchgeführte Interviews werden wiedergegeben und bieten wertvolle Informationen über Vor- und Nachteile, gemachte Erfahrungen, Höhen und Tiefen und Verbesserungsvorschläge anhand der in der Firma XY durchgeführten Validierung.

5 Theoretische Grundlagen

Der theoretische Teil ist in sechs Unterkapitel gegliedert.

Im ersten Teil „Hilfsmittel und Leitfäden" werden die wichtigsten Leitfäden, welche für die retrospektive Validierung anwendbar sind, geschildert.

Das zweite Teil „Literaturdiskussion" setzt sich kritisch mit der vorhandenen Literatur auseinander

Der dritte Teil „Projektvorgehensmodelle" beschreibt, wieso das V-Modell das übliche Modell für die Validierung ist.

Einleitend wird im vierten Teil das V-Modell zur prospektiven Validierung beschrieben.

Im fünften Teil wird aus erarbeiteten Literatur und den gemachten Erfahrungen das Modell zur retrospektiven IT-Infrastruktur Validierung skizziert, welches im praktischen Teil anschliessend verifiziert wird.

Im sechsten Teil „Phasen einer retrospektiven Validierung" wird der typische Ablauf der Validierungstätigkeiten, der dazugehörigen Aufgaben, sowie der zu erstellenden Dokumentation, bzw. zu überarbeitenden Dokumentation geschildert.

5.1 Hilfsmittel und Leitfäden

Aufgrund der Vielfalt der weltweiten regulatorischen Anforderungen haben sich Arbeitsgemeinschaften und Komitees gebildet, welche die legalen Anforderungen aufgreifen, abgleichen und den Unternehmen Leitfäden als Hilfsmittel zur Durchführung ihrer Validierungstätigkeiten zur Verfügung stellen. Die vier wichtigsten Komitees bilden:
- Good Automated Manufacturing Practice (GAMP) – Komitee,
- Arbeitsgemeinschaft für Pharmazeutische Verfahrenstechnik (APV)
- Pharmaceutical Inspection Convention and Pharmaceutical Inspection Co-operation Scheme (PIC/S) [11]
- Global Harmonization Task Force (GHTF)

5.1.1 GAMP Leitfaden zur Validierung automatisierter Systeme

Der Leitfaden umfaßt rund 90 Seiten, welche äußert übersichtlich dargestellt Hilfestellungen zu allen Validierungsbereichen, vorwiegend der prospektiven Validierung, bieten. Der Leitfaden ist auf die Softwarevalidierung ausgerichtet. Einzelne Bereiche der IT-Infrastruktur Validierung werden am Rande angeschnitten.

5.1.1.1 Einleitung

In den späten 80er und frühen 90er Jahren erfuhr die Validierung automatisierter Systeme in der Pharmaherstellung eine erhebliche Steigerung ihrer Beachtung gegenüber früher.
Obwohl regulatorische Richtlinien für den Betrieb solcher automatisierter Systeme bereits seit einiger Zeit vorlagen, unterlagen diese Systeme einer weniger genauen regulatorischen Inspektion als andere Bereiche und die Interpretation der regulatorischen Vorschriften war weniger ausgearbeitet als in den konventionelleren Bereichen.
Die Berücksichtigung automatisierter Systeme in der pharmazeutischen Herstellung hat wegen des häufigeren Einsatzes und der höheren Komplexität zugenommen. Daraus entwickelte sich der Bedarf, die regulatorischen Vorschriften besser zu verstehen und interpretieren zu können. Ein reger Informationsaustausch, nicht nur innerhalb der Pharmaindustrie, sondern auch mit den Lieferanten und den Inspektoren wurde damit erforderlich.
Eine industrielle Gruppe wurde gebildet, mit der Aufgabe, dieses Verständnis zu fördern und zu verbreiten. Diese Gruppe, geleitet von Dr. David Selby, ist heute als „Das GAMP-Forum" bekannt. Dieses ist heute ein technisches Unterkomitee der International Society of Pharmaceutical Engineering (ISPE).

5.1.1.2 Ziele

Der GAMP-Leitfaden zielt darauf ab, validierte und die Vorschriften einhaltende automatisierte Systeme, die alle aktuellen regulatorischen Erwartungen im Gesundheitsfürsorge-Bereiche erfüllen, durch den Ansatz existierender guter Industriepraxis effizient und effektiv zu realisieren.

5.1.1.3 Zweck

Der Zweck des Leitfadens ist es, Firmen der Gesundheitsfürsorge-Branche darin zu unterstützen, validierte und vorschriftgemässe automatisierte Systeme aufzubauen.

Der Leitfaden gibt den Lieferanten automatisierter Systeme Anleitungen auf der Grundlage der Guten Praxis zur Entwicklung und Instandhaltung solcher Systeme für die Gesundheitsfürsorge-Branche. Diese Anleitungen unterstützen die Lieferanten bei der Erstellung der Dokumentation, die als Unterstützung der Validierung benötigt wird.

5.1.1.4   Nutzen

Der Hauptnutzen aus der Anwendung der Regeln des GAMP Leitfadens besteht für Anwender und Lieferanten in:

- Verbesserung des Wissensstandes zum Thema und Einführung einer gemeinsamen Sprache und Terminologie
- Reduzierung der Kosten und der Zeitspanne zur Erstellung eines Systems, das diese Vorschriften erfüllt
- Verbesserung der Erfüllung der regulatorischen Erwartungen durch Definition eines durchgängigen Lebenszyklusmodells
- Abklärung der Aufteilung der Verantwortlichkeiten zwischen Anwender und Lieferant
- Festlegung und Akzeptanz der Methoden zur Verhinderung schleichender Abweichung von Standards ohne dabei fortlaufende Weiterentwicklungen zu behindern
- Verbesserung der Projektübersicht zur Sicherstellung der pünktlichen, die geplanten Kosten und die vereinbarten Qualitätsstandards einhaltenden Lieferungen
- Bereitstellung eines Schemas zur Einhaltung der bestehenden Normen und Standards wie ISO 9000 und zur Unterstützung des Verstehens der GxP-Anforderungen durch zertifizierte Lieferanten
- Bereitstellung einer Sammlung von Vorgehensweisen/Verfahren zur Vereinfachung der Einbringung der definierten Grundsätze
- Bereitstellung von Kostenvorteilen durch Unterstützung der Erstellung von Systemen, die für den Einsatz geeignet sind, die Anwender- und Geschäftsanforderungen erfüllen und mit akzeptablen Kosten betrieben und instand gehalten werden können. [12]

Der GAMP4 Leitfaden kann über http://www.ispe.org [13] bestellt werden.

5.1.2   Die APV-Richtlinie „Computergestützte Systeme" basierend
auf dem Annex 11

Der Anhang „Annex 11" des EU-GMP-Regelungswerks beschreibt die
Vorkehrungen für die Entwicklung und den Einsatz von
Computersystemen im GMP-Bereich. Allerdings ist dieser sehr allgemein
gehalten: Das Dokument ist bei Wahl einer Courier 10pt-Schriftart auf
einer DIN A4-Seite ersichtlich.
Die Arbeitsgemeinschaft Pharmazeutische Verfahrenstechnik (APV),
Fachgruppe Informationstechnologie hat daher die Richtlinie
"Computergestützte Systeme" entwickelt, welche den Annex 11
interpretiert und auslegt. [13]
Die APV Leitfaden beschreibt auf übersichtlich gestalteten 30 DIN A4-
Seiten mögliche Interpretationen und Umsetzungen für den Bereich der
computerisierten Systeme im Medizinalsektor. Der Detaillierungsgrad,
sowie die Anhänge welche ausgearbeitete Formvorlagen enthalten sind
jedoch im GAMP Guide größer. Verweise auf die im Annex 11 gestellten
Forderungen sind in beiden Leitfäden jeweils direkt ersichtlich.
Die APV Richtlinie, sowie detaillierte Informationen können zu diesem
Zeitpunkt unter den folgenden Internet Adressen eingesehen werden:
http://www.apv-mainz.de/pdf_publikationen/annex.pdf [15]

5.1.3   ISO Normen und die GHTF

Die 1997 veröffentlichte Norm „ISO/DIS 13485:200x, Quality systems –
Medical devices – System requirements for regulatory purposes" wird als
grundlegend zur internationalen Harmonisierung der Standards im
Medizinalgerätebereich betrachtet. Die Norm ergänzt den generischen
Qualitätsmanagement-System Standard ISO 9001:2000 um die
Eigenheiten des Medizinalgerätebereichs.

Die Global Harmonization Taskforce (GHTF) unterstützt ISO in der
Verbreitung des Standards. Die GHTF wurde vor rund zehn Jahren aus
einer Gruppe von Vertretern der regulatorischen Behörden und dem
Medizinalgerätesektor als Reaktion auf das wachsende Bedürfnis nach
internationaler Harmonisierung der für Medizinalgeräte geltenden
regulatorischen Vorschriften gegründet. Die GHTF hat im Bereich der
QMS-Systeme einen Leitfaden zur Prozessvalidierung veröffentlicht. Ich
empfehle diesen als weiterführende Literatur. Der Internet-Link führt
direkt zum entsprechenden Dokument:
http://www.ghtf.org/sg3/inventorysg3/sg3_fd_n99-10_edition2.pdf [16]

Risikomanangement ist ein weiteres, speziell betrachtetes Element im
Medizinalgeräte-Sektor. Dies wird spezifiziert in der ISO Norm „ISO/IEC
14971:2000 Medical Devices – Risk management – Application of risk
management to medical devices" ISO 14971 hat sich innerhalb kürzester
Zeit zum weltweiten Standard für Risikomanagement im
Medizinalgerätesektor entwickelt. [17]

5.1.4   PIC/S

Die "Pharmaceutical Inspection Convention und die "Pharmaceutical
Inspection Co-operation Scheme" (gemeinsame Nennung als PIC/S) sind
zwei internationale Instrumente, welche eine aktive und konstruktive

Zusammenarbeit zwischen Ländern und pharmazeutischen Inspektoraten im GMP Umfeld zum Ziel haben.

PIC/S' Mission ist es, die internationale Entwicklung, Einführung und den Unterhalt harmonisierter GMP Standards und Qualitätssysteme von Inspektoraten im Medizinalprodukte-Umfeld zu lenken.

Dazu werden harmonisierte GMP Standards entwickelt und vorangetrieben, Leitfäden erstellt, Trainings angeboten, Assessments von Inspektoraten durchgeführt, sowie die Zusammenarbeit und die Verflechtung internationaler Organisationen und Behörden gefördert.

Gegenwärtig sind der PIC/S 27 Behörden angeschlossen.

Die Bildung des "PIC Scheme" wurde notwendig als es Inkompatibilitäten zwischen der PIC und den Europäischen Gesetzen nicht mehr zuließen, daß EU-Länder Abkommen mit anderen - nicht an PIC angeschlossenen Ländern - trafen. Nur der europäischen Kommission (kein Mitglied der PIC) war es erlaubt, Abkommen mit nicht EU-Ländern zu vereinbaren. [18]

Die Hauptunterschiede zwischen "PIC Scheme" und PIC sind:

PIC Scheme	PIC
Schema	Konvention
Informelles Übereinkommen	Staatsvertrag
Kein legaler Status	Legaler Status
Zwischen Gesundheitsbehörden	Zwischen Ländern
Exchange of information	Mutual recognition of inspections

Tabelle 1: Vergleich PIC Schema zu PIC [19]

5.2   Literaturdiskussion

Trotz der Fülle an erwähnten Vorschriften findet sich auffallend wenig deutschsprachige Literatur zur Validierung. Englischsprachige Literatur ist in grossem Umfang vorhanden.
Aufgrund der Aktualität des Themas findet sich diese vorwiegend in Fachzeitschriften und auf dem Internet. Bücher sind, bis auf einige wenige – unerschwingliche – Exemplare praktisch nicht vorhanden.

Zur Erarbeitung der Literatur habe ich mich vorwiegend auf Internet Recherchen konzentriert. Zudem hatte ich das Glück auf fachkundiges Berater und Mitarbeitende zurückgreifen zu können.

Ich empfehle allen an der Thematik interessierten Personen sich vorerst an die erwähnten Leitfäden zu halten, bevor mit Internet Recherchen weitergefahren wird. Die Gesetzestexte und Vorschriften erachte ich als Einstieg in die Materie als zu komplex.

Bezüglich der retrospektiven Validierung ist noch weniger Material vorhanden. Diese muss oft aus den prospektiven Ansätzen hergeleitet werden. Dieser Leitfaden soll hier einen Beitrag leisten.

Mein Referent, Till Jostes, hat im Zusammenhang mit der 21 CFR Part 11 Richtlinie eine Arbeit verfasst. Für weitere Informationen wenden Sie sich bitte direkt an die auf dem Titelblatt angegebene Adresse.

5.3 Projektvorgehensmodelle

In diesem Kapitel wird der Einsatz verschiedener Projektvorgehens-modelle erläutert. Für die retrospektive Validierung der IT-Infrastruktur kommt vorwiegend das V-Modell zum tragen. Jedoch können innerhalb der Validierung auch die hier beschriebenen Projektvorgehensmodelle, z.B. zum Review der bestehenden Dokumentation, verwendet werden.

5.3.1 Das Wasserfallmodell

Das Wasserfall-Modell ist das am häufigsten eingesetzte Projektmodell. Ausgangspunkt ist die Zerlegung des gesamten Entwicklungsprozesses in mehrere, in sich abgeschlossene Phasen. Ein Beispiel einer solchen Phaseneinteilung zeigt Abbildung 2. Diese Phasen werden nacheinander durchlaufen. Mit einer neuen Phase kann erst begonnen werden, wenn die vorhergehende abgeschlossen ist. Der Phasenverlauf ist strikt sequentiell.

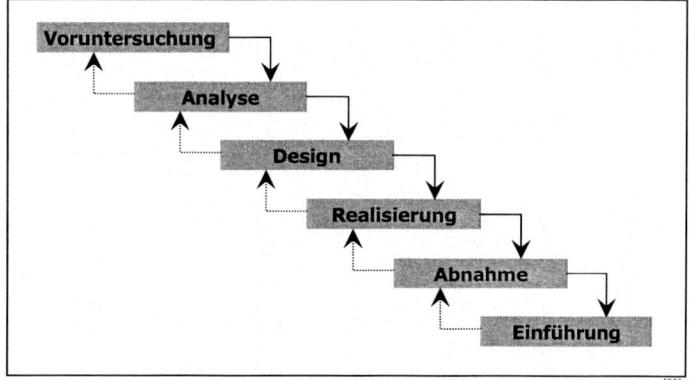

Abbildung 2: Das Wasserfallmodell[20]

Am Ende von Phasen werden Meilenstein-Sitzungen abgehalten, in denen über den Projektfortschritt berichtet und über die nächste Phase entschieden wird. Mit diesen Meilenstein-Sitzungen verbunden ist eine analytische Qualitätssicherung. Die Projekt-Ergebnisse werden von einem verantwortlichen Mitarbeiter oder einer entsprechenden Abteilung darauf überprüft, ob sie die vereinbarten Ziele erreichen. Ist dies nicht der Fall, so wird die jeweilige Phase fortgeführt, bis die Abnahme erfolgreich ist. Das Ergebnis wird anschliessend „eingefroren" und kann nur durch eine formelle Änderungs-Anforderung modifiziert werden, bildet also eine Referenzlinie.

Die Phasen werden hierarchisch in Aktivitäten zerlegt, die nach Checklisten abgearbeitet werden. Zu jeder Aktivität gehört ein Ergebnis-Dokument. Für die Reihenfolge der Abarbeitung der Aktivitäten gibt es kein vorgeschriebenes Schema.

Das Wasserfall-Modell kann mit einem Versions-Management verbunden werden: Jede neue Version des Produkts gibt Anlass zu einem Projekt, dass nach dem Wasserfall-Modell durchgeführt wird. [21]

5.3.1.1 Eignung

Das Wasserfallmodell ist besonders geeignet für die Durchführung der retrospektiven IT-Infrastruktur Validierung, da diese streng sequentiell ablaufen muss. Beispielsweise kann erst nach Abschluss der Ist/Soll-Analyse mit der Überarbeitung der Prozessbeschreibungen begonnen werden, ansonsten die Vorgaben für die nachfolgende Aktivität nicht definiert sind. Das Modell wird um eine zweite Achse zum V-Modell erweitert. Diese zweite Achse zeigt die Verknüpfung und Beziehung der für die Validierung notwendigen Dokumentation zu den einzelnen Phasen. Siehe dazu Kapitel 5.3.4 V-Modell.

5.3.2   Iterative Modelle (Prototyping)

Es existieren diverse iterative Projektvorgehensmodelle. Als Beispiel ist untenstehend das typische Prototyping aufgeführt.

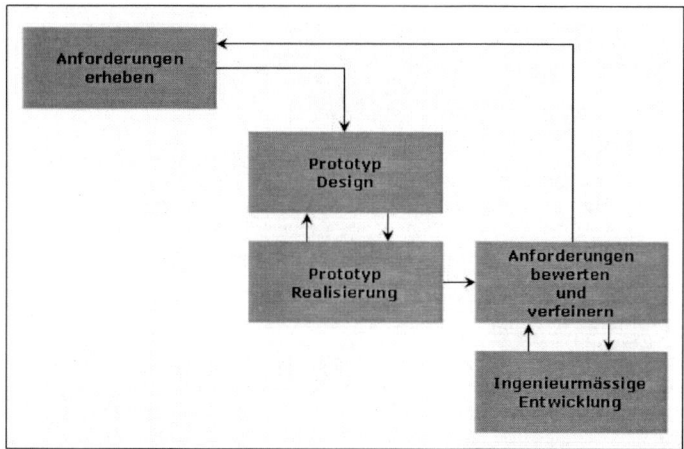

Abbildung 3: Prototyping [22]

Das Prototyping-Modell ähnelt ebenfalls dem Wasserfall-Modell. Nach erster Erhebung der Anforderungen werden iterativ Prototypen entworfen und entwickelt, bis die Anforderungen und Realisierungsmöglichkeiten so weit geklärt sind, dass an die systematische Entwicklung des Systems gegangen werden kann. Hier seien die folgenden Einsatzarten von Prototyping und einige wichtige Grundsätze genannt.

Exploratives Prototyping
- Klärung der Anforderungen an das System.
- Test verschiedener Lösungskonzepte
- Prototyp ist (ausschließlich) Diskussionsgegenstand (und nicht Implementierungsvorstufe).

Experimentelles Prototyping
- Test der technischen Umsetzung eines Entwicklungsziels.
- Detaillierung der Vorstellungen der Benutzer.
- Machbarkeitsabschätzung.
- Kommunikation über technische Fragen und Software-Ergonomie.
- Labormuster zur Klärung technischer Fragen.

Evolutionäres Prototyping
- Der Prototyp ist Vorstufe des Systems.
- Die Grundanforderungen sind bereits definiert.
- Der Prototyp ist leicht änderbar und erweiterbar (z.B. 4GL)
- Der Prototyp dient der Kommunikation über die Ausgestaltung der Benutzerschnittstelle und der Präzisierung der Anforderungen.
- Der Prototyp wird in Iterationen mit kurzer Zykluszeit entwickelt.
- Die Grenze zwischen Prototyp und Zielsystem erfolgt durch Definition am Projektende.
- Dieses Vorgehen ist nur bei geeigneter, effizienter Implementierungstechnologie einsetzbar.
- Evolutionäres Prototyping stellt hohe Anforderungen an die Infrastruktur und das Projektmanagement.

Rapid Prototyping
- Der Prototyp ist Kern der Entwicklungsaktivitäten.
- Analyse und Design erfolgen direkt am Prototyp, d.h. erfolgen nicht separat als Vorstufe, sondern werden direkt am Prototyp vollzogen.

Unabhängig von der Art des Prototypings sind folgende Grundsätze unbedingt zu beherzigen:
- Klare Definition der Ziele, die mit einem Prototyp erreicht werden sollen.
- Festlegung des Abnahmeverfahrens, d.h.: Wie wird entschieden, ob die Ziele erreicht sind.
- Einhaltung des vorgegeben Rahmens. Delegation von neu auftauchenden Fragen in den nächsten Zyklus.
- Man beachte, dass vor allem die Benutzerschnittstelle dem Prototyping zugänglich ist. Daher besteht die Gefahr, dass diese über Gebühr betont werden. [23]

5.3.2.1   Eignung

Das Prototyping-Modell kann vor allem im Zusammenhang mit dem Review der bestehenden Prozessbeschreibungen und Vorgabe-/Nachweis-Dokumente verwendet werden. Da sich über die Zeit, bis eine Validierung durchgeführt wird oft eine grosse Menge an Dokumenten bildet, hilft dieses Vorgehensmodell, die Dokumentenflut in einzelnen Schritten derart zu reduzieren, dass schlussendlich nur noch die Kerndokumente weiterverwendet werden müssen.

5.3.3   Das Spiral-Modell

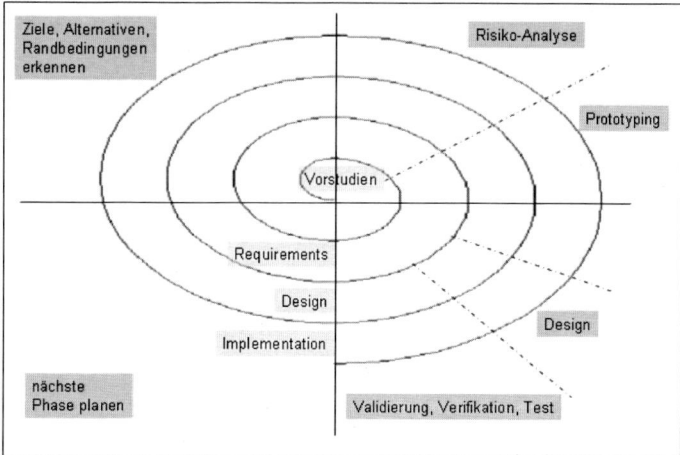

Abbildung 4: Das Spiral-Modell [24]

Das Spiral-Modell arbeitet mit Zyklen, von denen jeder im Wesentlichen einer Phase des Wasserfall-Modells entspricht. In jedem Zyklus werden die folgenden Phasen durchlaufen:

- Klärung der Ziele, Alternativen und Randbedingungen.
- Gegebenenfalls Einsatz von Prototyping zur Klärung der Ziele, Vorstellungen, Machbarkeit.
- Ablauf geeigneter Schritte, wie im Wasserfall-Modell.
- Review der abgelaufenen Phase und Planung der folgenden.

Ein Zyklus im Spiral-Modell entspricht einer Phase im Wasserfall-Modell. Diese wird aber durch einleitende Risikoanalyse und abschließenden Review dynamischer als im Wasserfall-Modell an den Projektstand angepasst. Nicht berücksichtigt werden Iterationen und parallel ablaufende Aktivitäten. [25]

5.3.3.1   Eignung

Die Verwendung des Spiral-Modells empfiehlt sich für die kontinuierliche Weiterentwicklung der SOPs, sowie derer Ergebnis- und Vorgabedokumente nach Durchführung derretrospektiven Validierung.

5.3.4 Das V-Modell

Das V-Modell Entstanden im Auftrage des Bundes und eingeführt für Projekte öffentlicher Auftraggeber, aber auch in der Wirtschaft.

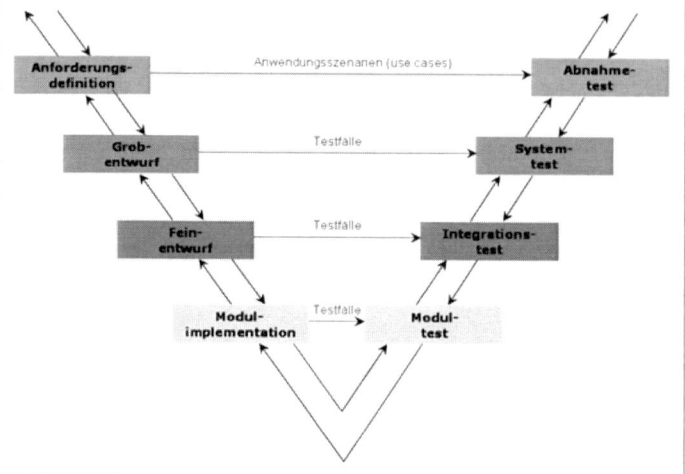

Abbildung 5: Das V-Modell [26]

Das V-Modell hat, wie der Name schon sagt, die Form eines "V". An der linken Seite stehen, abwärts angeordnet: Anforderungsdefinition, Grobentwurf, Feinentwurf und Modulimplementation. Dem folgen ablauftechnisch an der rechten Seite aufwärts angeordnet: Modultest, Integrationstest, Systemtest und Abnahmetest. Von der Anforderungsdefinition werden Anwendungsszenarien direkt an den Abnahmetest geleitet. Vom Grobentwurf werden Testfälle direkt an den Systemtest gegeben, ebenso wie vom Feinentwurf zum Integrationstest und von der Modulimplementation zum Modultest. Kommunikationsschritte können sowohl von der linken oberen Seite des "V" aus startend durchlaufen werden als auch von der rechten oberen Seite startend. [27]

5.3.4.1 Eignung

Vergleicht man das hier beschriebene V-Modell mit dem Wasserfallmodell, so ist direkt ersichtlich, dass das V-Modell das Wasserfallmodell um die Visualisierung der Beziehung zwischen Aktivität und der entsprechenden Ergebnisdokumentation erweitert. Dieses allgemeine V-Modell bildet die direkte Grundlage für das im Folgekapitel 5.4 Das V-Modell zur prospektiven Validierung beschriebene Modell.

5.4 Das V-Modell zur prospektiven Validierung

Das V-Modell für die prospektive Validierung lehnt sich sehr stark an die oben beschriebenen, allgemeinen Modelle „Wasserfall" und „V-Modell" an, respektive erweitert diese. Im folgenden wird das V-Modell zur prospektiven Validierung beschrieben. Das Kapitel 5.4.1 Validierungsübersicht legt die Grundlage für die späteren Schritte, welche innerhalb des V-Modells durchlaufen werden.

Da die Validierungsendergebnisse sowohl für die prospektive, wie auch für die retrospektive Validierung die Gleichen sind, jedoch in einer anderen Reihenfolge durchlaufen werden, bildet die Validierungsübersicht den Einstieg in die einzelnen, typischen Tätigkeiten. Aus der Skizzierung des prospektiven V-Modells wird danach das V-Modell zu retrospektiven Validierung hergeleitet. Dieses bildet die theoretische Grundlage, welcher die entsprechenden, typischen Validierungstätigkeiten der retrospektiven IT-Infrastruktur Validierung zugeordnet werden und welches im praktischen Teil angewendet wird.

5.4.1 Validierungsübersicht

In jedem Fall ist es Ziel der Validierung, den dokumentierten Nachweis zu erbringen, dass alle Teile einer Anlage nach Inbetriebnahme mit hoher Wahrscheinlichkeit dauerhaft korrekt arbeiten. Der Vorgang der prospektiven Validierung läuft stark sequentiell, gebunden an die Fertigstellung und Lieferübergabe der einzelnen Elemente ab, z.B. könnten Gebäude und zentrale Dienste zuerst aufgebaut worden sein, gefolgt von Ausrüstungen und Systemen und danach Prozessen und Reinigung.
Allgemeine Validierungstätigkeiten zeigt Abbildung 6. Dargestellt ist eine logische Abfolge von der Spezifikation über den Entwurf (Design), die Erstellung von Testplänen, die Testdurchführung bis zur Prüfung der Ergebnisse.

Traditionell bestand Validierung aus:
Installation Qualification (Installationsqualifizierung, IQ)
Dokumentierter Nachweis, dass ein System gemäss schriftlicher und genehmigter Spezifikation installiert wurde.
Operational Qualification (Funktionsqualifizierung, OQ)
Dokumentierter Nachweis, dass ein System gemäss schriftlicher und genehmigter Spezifikation innerhalb aller vorgesehener Betriebsbereiche arbeitet.
Performance Qualification (Leistungsqualifikation, PQ)
Dokumentierter Nachweis, dass ein System in der Lage ist, die Prozessvorgänge, die es ausführen oder kontrollieren soll, gemäss schriftlicher und genehmigter Spezifikation in seinem spezifizierten Anlagenumfeld auszuführen und zu kontrollieren.
Design Qualification (Designqualifizierung, DQ)
Diese Bezeichnung wurde vor kurzem eingeführt, sie bezieht sich auf den dokumentierten Nachweis, dass der vorgeschlagene Entwurf von Einrichtungen, Systemen und Geräten für den vorgesehenen Gebrauch adäquat ist.

Traditionell haben diese Qualifizierungsdokumente sowohl Spezifikationsinformationen als auch die Testvorgaben enthalten. Für diese Dokumente wird oft der Begriff Validierungsformular (Englisch: Validation Protocol) verwendet.

Heutzutage besteht die generelle Auffassung, dass die Qualifizierungsdokumente nur dann zufriedenstellend erstellt werden können, wenn die vollständige Spezifikation des Prozesses oder des Systems vorhanden ist. Für automatisierte Systeme ist eine solche Spezifikation ohnehin in allen Fällen notwendig, um den System-Enwicklungsvorgang zu starten und zu steuern. Zudem ist die Systemspezifikation einfacher zu pflegen, wenn sie von den Qualifizierungsdokumenten getrennt ist. Die Pflege und Erhaltung einer aktuellen Systemspezifikation ist eine GxP-Schlüsselforderung. [28]

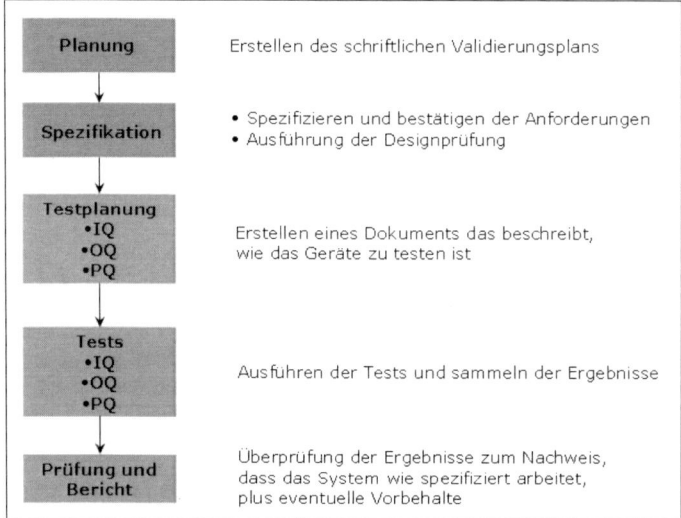

Abbildung 6: Allgemeine Validierungstätigkeiten [29]

Die Verwendung von Lieferantendokumenten kann den gesamten Validierungsvorgang vereinfachen. Z.B. können die Software- und Hardware-Installation, die Inspektions-Vorgehensweisen und die Dokumentation des Lieferanten den Anforderungen an die üblichen IQ-Tätigkeiten entsprechen, wenn sie durch den Anwender geprüft und bestätigt wurden. Gleichermaßen können Entwicklungs- und Testmethoden, die Qualitätssicherungs-Methoden und deren Dokumente die üblichen OQ-Tätigkeiten ergänzen oder ersetzen.

Wie bereits angesprochen müssen sich die Qualifizierungsdokumente auf die Originalspezifikation beziehen, in denen festgelegt ist, was zu testen ist. Ein geeignetes Modell dafür wird in Abbildung 7 dargestellt und zeigt, wie die drei Haupt-Qualifizierungstätigkeiten zu den Phasen der benötigten Spezifikation zugeordnet werden können. Zusammengenommen beschreiben die drei Phasen der Spezifikation die Ausrüstung oder das System, die bzw. das entwickelt wird. Jeder Ebene der Spezifikation ist typischerweise eine äquivalente Ebene der Testspezifikation zugeordnet, die überprüft, daß die Ergebnisse dieser Phase ihre Anforderungen erfüllt.
Obwohl diese Spezifikationen bei kleineren Systemen zusammengefaßt werden dürfen, müssen dennoch die Erfordernisse jeder Spezifikationsebene sorgfältig betrachtet und dokumentiert werden.
Wenn Prototyp- oder iterative Entwicklungsmethoden verwendet werden, können sich Überschneidungen zwischen diesen Entwicklungsphasen einstellen. Die Vervollständigung aller drei Ebenen ist dennoch

erforderlich, um die solide Systementwicklung, Tests und nachfolgende Instandhaltung zu unterstützen.

Anwender Lastenheft (ALH, Englisch: User Requirements Specification, URS)
Dieses Dokument beschreibt, was die Ausrüstung oder das System leisten soll. Es wird normalerweise vom Anwender erstellt. Das ALH kann an Lieferanten als Teil des Lieferanten-Auswahlprozesses versendet werden. Diese Version sollte alle wesentlichen (Muß)-Anforderungen und, falls möglich, auch eine prioritätsgereihte Sammlung von (Wunsch)-Anforderungen enthalten.
Die genehmigte Fassung des ALH kann nach der Lieferantenauswahl erstellt werden und sollte während des Entwicklungslebenszyklus gepflegt werden. Die Anwenderfirmen können sowohl nur wesentliche Anforderungen in diese Fassung des ALH als Muß aufnehmen, als auch Wunsch-Anforderungen. Die Anforderungen sollten verknüpft sein mit der Performance Qualification (PQ), die das System in seiner normalen Betriebsumgebung einschließlich der zugeordneten Verfahrensweisen testet.

Pflichtenheft (PH, auch Anwendungsspezifikation, Englisch: Functional Specification)
Dieses Dokument wird normalerweise vom Lieferanten erstellt und beschreibt die Funktionen der Ausrüstung oder des Systems im Detail (also was das System tun wird). Eine erste Fassung des PH kann als Antwort auf die Projektausschreibung erstellt werden. Die nachfolgenden Fassungen des PH sind in Zusammenarbeit mit dem Anwender zu erstellen. Das PH ist verknüpft mit der Operational Qualification (OQ), in der alle spezifizierten Funktionen getestet werden.
Die Entwurfsspezifikationen (ES, Englisch: Design Specification, DS) beschreiben, wie und womit das System aufzubauen ist. Wie das Pflichtenheft stellt sie ein Designergebnis dar. Sie ist verknüpft mit der Installation Qualification (IQ), die überprüft, ob die richtige Ausrüstung oder das richtige System geliefert und korrekt installiert wurde als auch mit der Operational-Qualification (OQ), die überprüft, ob das System spezifikationsgerecht arbeitet. [30]

Das in der untenstehenden Abbildung 7 ersichtliche grundlegende Modell zur prospektiven Validierung beschreibt nur die eigentliche Validierungstätigkeit. Das danach folgende Änderungswesen und das Konfigurationsmanagement um den validierten Zustand aufrechtzuerhalten, sowie die vorgängigen Aufgaben zur Planung und Spezifizierung der Validierungstätigkeiten sind in diesem Modell ebenfalls nicht beschrieben.

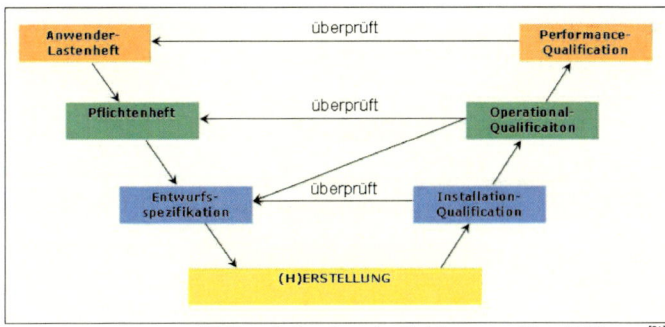

Abbildung 7: Grundlegendes Modell zur prospektiven Validierung [31]

5.5 Vom prospektiven- zum retrospektiven V-Modell

Wie bereits erwähnt decken sich die Ergebnisdokumente bei der prospektiven und der retrospektiven Validierung. Der grösste Unterschied besteht darin, dass bei der retrospektiven Validierung das zu validierende System bereits in Betrieb ist. Demzufolge bildet der Ausgangspunkt ein produktives System. Die retrospektive Validierungstätigkeit hat den Beweis zum Ziel, dass das bereits installierte System in der Vergangenheit gemäss den definierten Spezifikationen den beabsichtigen Nutzen erfüllt hat (dieser Beweis wird durch den Erfahrungsbericht erbracht) und mit höchster, bewiesener Wahrscheinlichkeit auch in Zukunft erfüllen wird (dieser Beweis wird mit dem Validierungsbericht erbracht).

Im folgenden wird das erweiterte, jedoch grundlegende V-Modell zur retrospektiven Validierung der IT-Infrastruktur eingeführt. Im Rahmen meiner Literaturrecherchen habe ich kein Modell zur retrospektiven Validierung einer IT-Infrastruktur gefunden. Das hier beschriebene Modell habe ich auf der Basis meiner Literaturrecheren, den gemachten praktischen Erfahrungen bei der retrospektiven Validierung unserer operativen IT-Infrastruktur, sowie auf Basis der beschriebenen Leitfäden hergeleitet. Es dient als theoretische Basis zur detaillierten Schilderung der zu durchlaufenden Phasen der retrospektiven Validierung. Im praktischen Teil wird die Tauglichkeit des Modells durch die Anwendung bei der retrospektiven Validierung der IT-Infrastruktur der Firma XY verifiziert.

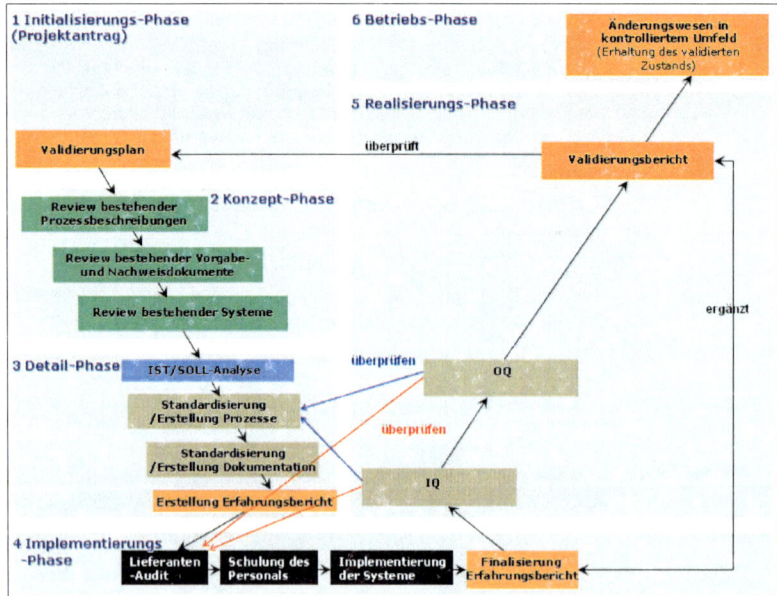

Abbildung 8: Grundlegendes Modell zur retrospektiven Validierung [32]

Wie in der Abbildung 8 ersichtlich, treten anstelle des Anwender Lastenhefts der Review der bestehenden Prozeßbeschreibungen, sowie der Review der bestehenden Vorgabe- und Nachweisdokumente. Anstelle des Pflichtenhefts tritt der Lieferanten-Audit.

Da die IT Infrastruktur bereits seit längerer Zeit operativ ist, geht es also bei der Validierung darum zu belegen, daß diese in der Vergangenheit ihren beabsichtigten Nutzen erfüllt hat und dies auch in Zukunft mit hoher Wahrscheinlichkeit tun wird. Da das System bereits seit einiger Zeit besteht, wird bis zu einem gewissen Grad auch die Dokumentation vorhanden sein. Dabei kann es sich einerseits um firmenintern erstellte Dokumentation handeln, andererseits wird die Dokumentation zu einem Grosssteil vom Lieferanten (z.B. des WAN-Netzewerks) erstellt worden sein. Schlußendlich liegt die Verantwortung für das korrekte Funktionieren jeder IT-Infrastruktur-Komponente beim Anwender. In diesem Falle ist XY schlußendlich dafür verantwortlich, daß beispielsweise das WAN System den beabsichtigten Nutzen erfüllt. Zur Absicherung und Gewährleistung müssen daher Audits bei den Lieferanten durchgeführt werden. Deren Ziel ist es zu belegen, daß die verkauften Produkte und Dienstleistungen der Lieferanten nach den allgemeinen GxP Grundsätzen erstellt werden. Dies läßt mit einer hohen Wahrscheinlichkeit darauf schließen, daß die im Pflichtenheft beschriebenen Leistungen erfüllt werden.

Ein Grossteil der Arbeit bei der retrospektiven Validierung besteht in der Sichtung und Ergänzung der bereits existierenden Dokumentation, sowie dem Erstellen von Prozeduren zur Verwaltung und Änderung des Systems.

Da es sich bei der IT-Infrastruktur ausschließlich um die Geschäftsabläufe unterstützende Systeme handelt, kann das Risiko der einzelnen Komponenten grundsätzlich tiefer eingestuft werden als beispielsweise für die Software eines Pipetier-Roboters, dessen nicht spezifikationsgerechtes Funktionieren zur Vertauschung oder Vermischung einer Blutprobe führen kann. Dies bedeutet jedoch nicht, daß die IT Infrastruktur nicht validiert werden muß. Die einzige Folge ist, daß beispielsweise IQ, OQ- und PQ Tätigkeiten teilweise zusammengefaßt werden können.

Die allgemeinen Validierungstätigkeiten bei der retrospektiven Validierung sind, wie in Abbildung 8 ersichtlich, in sechs aufeinanderfolgende Phasen unterteilt. Diese sind zwingend nacheinander zu durchlaufen. Eine detaillierte Beschreibung der Aufgaben und Tätigkeiten folgt nachstehend.

5.6   Phasen einer retrospektiven Validierung

In diesem Abschnitt werden die theoretischen Grundlagen und die grundlegenden Anforderungen an die retrospektive Validierung einer IT-Infrastruktur beschrieben. Die konkrete Umsetzung wird in Kapitel 6: „Umsetzung am Beispiel XY „beschrieben.
Angelehnt an das in Abbildung 8 beschriebene, entwickelte V-Modell werden die einzelnen Phasen in diesem Kapitel detailliert beschrieben.

5.6.1   1 - Initialisierungsphase

In der Initialisierungsphase ist der Validierungsplan (VP) zu erstellen. In den meisten Fällen wird der Validierungsplan für eine IT-Infrastruktur Validierung aus dem übergeordneten Dokument, dem Master Validation Plan (MVP) abgeleitet.

5.6.1.1   Validierungsplan

Der VP wird vom Anwender zur Festlegung der Validierungstätigkeiten, -verantwortlichkeiten und- vorgehensweisen erstellt.
Typischerweise richtet sich jeder Validierungsplan nach der Validierungs-SOP. Da die Validierung einer IT-Infrastruktur meistens im Kontext zu und mit anderen Validierungen durchgeführt wird, erstellt die interne QA Abteilung zur Sicherstellung der Qualität und Quantität der durchgeführten Validierungen eine Arbeitsanweisung (SOP), welche die zu durchlaufende Schritte klar vorgibt.

Der Validierungsplan beschreibt üblicherweise:
- Aufgaben, Rollen und Verantwortlichkeiten
- Die Organisationsstruktur
- GxP-Kritikalitätsbewertung
- Validierungsstrategie
- Erwartete Validierungsergebnisse
- Akzeptanzkriterien
- Änderungslenkung (Change Control)
- Standard-Arbeitsanweisungen (SOPs)
- Training
- Dokumentationsmanagement
- Erhaltung des validierten Zustands

Der Validierungsplan ist das Schlüsseldokument im gesamten Validierungsvorgang und entscheidend für den Erfolg des Projekts. Er ist ein wichtiges Projektmanagement-Werkzeug und ein lebendes Dokument, das während des gesamten Projekts gepflegt werden sollte. Der Validierungsplan kann eine Festlegung der Validierungsstrategie, die einzuhalten ist, enthalten oder auf ein separates Dokument, das diese enthält verweisen.
Bei der Festlegung der Validierungsstrategie sollte der Anwender die Anwendung der Risikobewerung und der Hardware- und Softwaregategorien sowie, soweit möglich, die Verwendung der Spezifikationen und Testdokumentation des Lieferanten beachten. Die Grösse und die Komplexität eines Systems sollte ebenso in Betracht gezogen werden. Bei kleinen, wenig komplexen Systemen kann eine vereinfachte Validierungsstrategie mit wenigeren oder verknüpften Validierungsergebnissen (z.B. verknüpften Spezifikationen) in Betracht gezogen werden.
Zum Abschluss des Projekts sollte ein Validierungsbericht erstellt werden, der die Validierungstätigkeiten zusammenfasst, alle Abweichungen vom

Validierungsplan, die noch durchzuführenden Aktionen oder Korrekturmassnahmen und die Eignung des Systems für den vorgesehenen Zweck beschreibt. [33]

5.6.2   2 - Konzeptphase

Gemäss dem erstellten Validierungsplan (VP) werden in der Konzeptphase die folgende drei Hauptschritte durchgeführt:
• Review der bestehenden Prozessbeschreibung
• Review der bestehenden Vorgabe- und Nachweisdokumente
• Review der bestehenden Systeme

Zuerst sollten die bestehenden Prozessbeschreibungen gesichtet und überarbeitet werden. Denn aus den Prozessen resultiert direkt die Dokumentation, welche erst gesichtet und überarbeitet werden sollte, nachdem deren Vorgaben durch die Prozesse klar definiert wurden. Der Review der bestehenden Systeme soll aufdecken, ob die zurzeit eingesetzte IT-Infrastruktur den beabsichtigten Nutzen erfüllen kann. Danach werden mit Hilfe der IST/SOLL-Analyse die Schwachstellen gesichtet und entsprechende Aktivitätenlisten zur Eliminierung der Lücken definiert. Der Review und die IST/SOLL-Analyse bilden die Grundlage für die Erstellung des Erfahrungsberichts, welcher die Zustände und Entwicklungen der vergangenen Jahre aufgrund der gesichteten Dokumentation beschreibt.

5.6.2.1   Überprüfung der bestehenden Prozesse

Um das IT Infrastruktur-System zu validieren und um sicherzustellen, dass das System in einem validierten Zustand verbleibt, d.h. dass die Integrität der Hardware, der Software, der Daten und der zugeordneten Dokumentation in Übereinstimmung mit allen relevanten regulatorischen und allen firmenspezifischen Anforderungen gewährleistet ist, sollten die bereits bestehenden Arbeitsanweisungen und Prozesse nach den nachfolgenden Gesichtspunkten geprüft werden:
Der Anwender sollte betriebliche Pläne und Vorgehensweisen erstellt und gepflegt haben, die festlegen, wie alle Unterstützungstätigkeiten ausgeführt und organisiert werden. Erkannte Lücken werden in die IST/SOLL-Analyse notiert.

Diese Vorgehensweisen und Pläne können den Lieferanten in die Unterstützungs- und Instandhaltungstätigkeiten einbeziehen. Die Inhalte und Themen, die in den nachfolgenden Unterabschnitten beschrieben sind, sollten durch die bestehende Prozesse abgedeckt werden. Ansonsten sind fehlende Bereiche noch zu erarbeiten.

Training:
Es sollten Trainingspläne für den Betrieb und die Pflege der IT-Infrastruktur erstellt werden. Diese Pläne müssen die Trainingserfordernisse für die verschiedenen Anwendergruppen und für das technische Personal, das das System unterhält, berücksichtigen.

Problemmanagement und Problemlösung:
Es sollte überlegt werden, wie Fehler in der Software, in der Hardware und in Vorgehensweisen erfasst, geprüft, vorrangig behandelt, bearbeitet, weitergeleitet und erledigt werden. Dies umfasst auch die Notwendigkeit, den Fortschritt der Fehlerbehebung zu überwachen und Rückmeldungen bereitzustellen.

Servicevereinbarungen:

Servicevereinbarungen werden verwendet, wenn ein Lieferant vertraglich verpflichtet werden soll, bestimmte Unterstützungsleistungen bereitzustellen. Die Servicevereinbarung sollte einen formellen Ansatz für die Unterstützung eines automatisierten Systems bereitstellen, der abgesprochen, verhandelt und von beiden Seiten, Anwender und Lieferant, genehmigt wurde. Die Servicevereinbarung sollte:

- Das System, das unterstützt werden soll, eindeutig festlegen
- Festlegen, wie die Serviceleistung zu erbringen ist
- Ein Verfahren zur Bestimmung der Qualität der geleisteten Unterstützungsdienstleistung, auf der Basis der in der Vereinbarung festgeschriebenen Anforderungen, bereitstellen.

Systemmanagement:

Die folgenden Themen sollten betrachtet werden und, falls erforderlich, mit SOPs abgedeckt werden:

- Administration- und Gebäudeverwaltungstechniken
- Anwendung von Software-Werkzeugen
- Routinetests und Kalibrierung
- Ersatzteil- und Verbrauchsmaterialhaltung

Servicevereinbarungen können diese Themen enthalten.

Datensicherung- und Wiedereinspielung:

Es sollten Vorgehensweisen erstellt werden, um sicher zu stellen, dass Sicherungskopien der gesamten Software und aller relevanter Daten erstellt, gepflegt und in sicheren und geschützten Bereichen aufbewahrt werden. (o7)

Konfigurationsmanagement:

Es sollten Vorgehensweisen erstellt werden zur:

- Identifikation, Definition und grundlegenden Spezifikation von Systemkomponenten
- Kontrolle von Modifikationen und Versionen von Konfigurationselementen einschliesslich Ersatzlösung und Programmkorrekturen (Patches)
- Aufzeichnung und Bericht des Status und der Modifikation von Elementen
- Sicherstellung der Vollständigkeit, der Konsistenz und der Korrektheit der Elemente
- Kontrolle der Speicherung, der Handhabung und der Lieferung von Elementen

Sicherheitsmanagement:

Die Systeme sollten angemessen gegen beabsichtigen oder versehentlichen Verlust, Beschädigung oder unerlaubte Änderung geschützt sein. SOPs zum Management des sicheren Zugriffs einschliesslich der Hinzufügung und der Löschung autorisierter Anwender, der Viruskontrolle, der Passwortkontrolle und physikalische Sicherheitsmassnahmen sollten erstellt werden, bevor das System für den Betrieb freigegeben wird. Die Sicherheitsmanagement-Verfahren sollten auf alle Anwender, einschliesslich der Administratoren, der bevorrechtigen Anwender und des Instandhaltungspersonals angewendet werden.

Leistungsüberwachung:
Der Grad der Auswirkung von Systemausfällen hängt von der Kritikalität der IT-Infrastruktur Komponente ab. Wo erforderlich, sollte die Leistung des Systems überwacht werden, um Probleme in zeitlicher Hinsicht erkennen zu können. Es kann auch möglich sein, Ausfälle durch die Anwendung von Werkzeugen und Techniken vorherzusehen. Die Notwendigkeit der Leistungsüberwachung sollte betrachtet, erforderliche Tätigkeiten eingeplant und dokumentiert werden.

Aufbewahrung von Aufzeichnungen, Archivierung und Rückgewinnung:
SOPs für die Aufbewahrung, Archivierung und Rückgewinnung von Aufzeichnungen sollten, wenn erforderlich, erstellt werden, bevor das System für den Einsatz freigegeben wird.

Geschäftsprozesskontinuitätsplanung:
Vorgehensweisen und Pläne zur Unterstützung der Geschäftskontinuität einschliesslich Fehlerbehebungsplänen und Plänen für unvorhergesehene Ereignisse sollten spezifiziert, getestet und genehmigt werden, bevor das System für den Einsatz freigegeben wird. Themen, die zu betrachten sind, umfassen katastrophale Hardware- und Softwareausfälle, Feuer, Überflutung, Blitzeinschläge und Sicherheitsverstösse. Alternative Betriebsmittel sollten für den Fall des Ausfalls verfügbar sein, wenn kritische Daten kurzfristig benötigt werden, z.B. im Fall von Geräte-Rückrufen.

Periodische Prüfungen und Untersuchungen:
Periodische Prüfungen werden verwendet, um zu verifizieren, dass die IT-Infrastruktur im validierten Zustand verbleibt und gemäss der anzuwendenden Vorschriften, der Firmenstrategie und den definierten Vorgehensweisen betrieben wird. Periodische Prüfungen sollten:
• Mit einem Intervall geplant werden, das von der Kritikalität und der Betriebshistorie des Systems abhängt
• Gemäss eines vorgegebenen Ablaufs durchgeführt werden
• Dokumentiert werden, mit Verfolgung der Korrekturmassnahmen bis zu ihrem erforderlichen Abschluss [34]

Der Übersicht halber finden sich die oben erwähnten Anforderungen an eine validierte IT-Infrastruktur in der folgenden Tabelle als eine Auflistung möglicher Standardarbeitsanweisungen (SOPs) wieder. Die Tabelle sollte als Checkliste für den Review der bestehenden Prozesse genutzt werden.
Die folgende Übersicht über sinnvolle SOPs, welche die Minimalanforderungen an die Dokumentation erfüllen wird in nachfolgender Tabelle beschrieben:

Bereich oder Aspekt	Prozess der SOP benötigt	Typische Dokumentation
1 General Management		
Rollen und Verantwortlichkeiten	Management Prozesses und Zuordnung von Verantwortlichkeiten	• Organigramme • Stellenbeschreibungen
Training	• Trainingsorganisation • Trainingsdurchführung • Trainingsauswertung	• Training Curricula • Schulungsbestätigungen • Kompetenzmatrizen
Service Level Agreements und Vertrags-Management	Vertrags- und SLA-Management inkl. Definition der Verantwortlichkeiten Unterhalt von Verträgen und SLAs	• Kontrakte • SLAs
Verwaltung von Dokumenten und Aufzeichnungen	Verwaltung von Dokumenten und Aufzeichnungen	Dokumente und Aufzeichnungen in kontrolliertem Umfeld
2 Systems Management		
Server Management		
System Hard- und Software	Installation und Qualifikation neuer Hard- und Software	• IQ • OQ
Installation, Änderungen und Stilllegung	• Änderung an bestehender Hard und Software; Anpassung von Parametern • Stilllegung	• Änderungskontroll-Dokumente • Systembeschreibungen
Hard- und Software Unterhalt	• Vorbeugender Unterhalt und –Problembehebung • System- oder Applikations-Patch Installation	• Unterhaltsplan • Unterhalts-Logs • Änderungskontroll-Dokumente
Service start up und shut down	• Start up • Shut down • Implementierung von Service-Beschränkungen	• Event logs • Access control Listen
Job Scheduling	• Zuweisung von batch job Prioritäten • Sicherstellung des korrekten Ablaufs von batch jobs	• Prioritätslisten, im Speziellen für validierte Applikationen • Änderungskontroll-Logs • Deviationsberichte bei Fehlern
• Systemüberwachung, • Event/Problem Logging, • Problem Tracking und Reporting	• Kapazitäts-Management • Etablierung und Aufzeichnung von Leistungsmessungen • Eskalations-Prozeduren • Helpdesk Management	• Kapazitäts- und Leistungsberichte • Event/Ausnahmehandlungs-Berichte • Helpdesk – Aufzeichnung der Tickets
Netzwerk Management		
• Netzwerk Hard- und Software Organisation • Änderungen und • Stilllegung	• Installation und Qualifikation neuer Hard- und Software • Änderung bestehender Hard- und Software • Anpassung von Parametern • Dokumentations-Verwaltung • Stilllegung	• IQ • OQ • Konfigurations-Aufzeichnung • Änderungskontroll-Dokumente
Third Party Netzwerke	• Gebrauch des WAN • Schnittstellen zwischen WAN und LAN • Personelle Schnittstellen (inhouse, outside)	• Netzwerk-Topologie-Diagramme • Dokumentation der Verantwortlichkeiten

Bereich oder Aspekt	Prozess der SOP benötigt	Typische Dokumentation
Hard- und Software Unterhalt	• Vorbeugender Unterhalt und Problembehebung • System Patch Installation	• Unterhalts-Plan • Unterhalts-Logs
• Service Monitoring, • Event/Problem Logging, • Problem-Tracking und Reporting	• Etablierung und Aufzeichnung von Leistungsmessungen • Eskalations-Prozeduren • Helpdesk Management	• Netzwerk Auslastungsberichte • Netwerk Verfügbarkeitsberichte • Event/Exception Handling • Helpdesk – Aufzeichnung der Tickets
3 Desktop Management		
• Desktop (inklusive aller Peripheriegeräte) Hard- und Software • Zuweisungen, Installation und Änderungen	• Entwicklung und Anpassung von Hard- und Softwarestandards • Verteilung von Upgrades • Unterhalt des Virenschutz, inklusive updates und dazugehöriger Signaturen	• IQ • OQ • Änderungskontroll-Dokumente • Viren-Signatur Logs
4 Security Management		
Physical Security	• Verwaltung und Einschränkung der Zugriffsmittel auf alle Server- und Netzwerksysteme	• Zugriffskontroll-Protokolle
Logical Security	• User Account Management • Paßwort Management, inklusive Verhinderung trivialer Paßwörter, sowie deren Änderungs-Protokolle und Event Reporting • Verwaltung der digitalen Signaturen • Verwaltung der Zugriffskontrollen	• Protokolle bezüglich Erstellung, Löschung und Transfer von Rechten • Protokolle jeglicher Art von Paßwort Veränderungen oder deren Mißbrauch • Sicherheits-Überwachungsberichte, speziell bei Versuch von unerlaubtem Eindringen
Virus Protection	• Installation von Virenschutz-Software • Unterhalt der entsprechenden Signaturen • Behandlung von Virenausbruch-Meldungen und Infektionen	• IQ • Virenausbruch-Berichte • Guidelines bezüglich dem Verhalten bei Virenausbrüchen
5 Data Management		
Data Back-up und -Restore	• Back-up Planung, Protokollierung, Verifizierung, Problemerkennung und Abweichungsberichte • Medienbeschriftung und Aufbewahrung (on-site, off-site) • Wiederherstellungs-Prozess (inklusive Berechtigung)	• Back-up Protokolle • Wiederherstellungs-Protokolle • Risiko Analyse • Event Protokolle
Datenarchivierung	• Datenverwaltung (d.h. im Gebäude und außerhalb) • Datenlöschung • Datentransport • Wiederherstellungstests	• Archivierungs- und Wieder-herstellungs-Protokolle • Löschungsberichte • Aufzeichnung von Berechtigungen
6 Quality Management		
Qualitätssicherung	• Einhaltung von Standards und SOPs • Einführung korrektiver Maßnahmen • Kontinuierliche Verbesserung der Abläufe • Überwachung der SLAs	• IT Operational Standards • Planung interner Prüfungen • Prüfungsberichte • Prozeß-Evaluationen • Leistungs-Reports

Bereich oder Aspekt	Prozess der SOP benötigt	Typische Dokumentation
7 Configuration and Change Management		
Change Management	• Aufzeichnung von Änderungen • Änderungsverfahren (Zustimmung, Zurückweisung, Durchführung, Ablage, etc.)	• Änderungskontroll-Berichte
8 Continuity Management		
Disaster recovery/Contingency planning	Aufrechterhaltung von essentiellen Dienstleistungen im Katastrophenfällen	• Disaster Recovery Plan

Tabelle 2: SOPs gemäss GAMP4 - Additional Material: Final Draft IT Infrastructure Quality Assurance (Nov. 2000) [35]

5.6.2.2   Überprüfung der bestehenden Dokumentation

Review of ISIT Records and Documents -> Alles -> Wichtige Dokumente

Erst wurde Vorgehen festgelegt in SOP
Dann Formular Review Checklists und Review Reports
(Gesagt was getan wird, trainiert wird, execute)
Halte Ordnung, schieb die Sachen an die richtige

Inhalt beschreiben

Nachdem die bestehenden Prozess gesichtet und die Abweichungen zu der obigen Hilfsliste in der IST/SOLL-Analyse dokumentiert worden sind, wird n der Konzeptphase die bestehende Dokumentation gesichtet. Diese Tätigkeit ist sehr zeitaufwendig. Es sollten genügend Ressourcen dafür eingesetzt werden.
Bevor mit dieser Aktivität begonnen wird, sollte eine SOP geschult und freigegeben werden, welche genau beschreibt, wie der Review durchzuführen ist.
Sämtliche auf den Serversystemen oder im Dokumentenmanagement System vorhandene Dokumentation, sollte in einer Liste widergespiegelt werden. Sobald die Liste erstellt ist, darf an der Struktur der bestehenden Dokumentation keine Veränderung mehr vorgenommen werden, da ansonsten Redundanzen und Inkonsistenzen entstehen können. Diese Voraussetzung der Unveränderbarkeit der bestehenden Daten ist mit entsprechenden technischen Hilfsmitteln sicherzustellen. Es empfiehlt sich, trotz des enormen Papierverschleisses - GMP wird nicht ohne Grund auch als Akronym von „Giant Mass of Paper" bezeichnet – die bestehende Dokumentation auszudrucken.

In den Review Reports (RR) soll die bestehende Dokumentation den vorhandenen, anzupassenden oder noch zu erstellenden SOPs eindeutig zugeordnet werden. Dokumente, welche die Systemvergangenheit beschreiben, sollen als solche für den Erfahrungsbericht kenntlich gemacht werden und unverändert in diesen übernommen werden.
Die Liste ist für den Review das zentrale Steuerungsdokument. Sämtliche für die Gegenwart und die Zukunft relevanten Dokumente werden zuerst mit Hilfe einer Review Checklist gegen die regulatorischen Anforderungen geprüft und über die Review Reports abgelegt. Somit sind diese den entsprechenden SOPs zugeordnet und alle notwendigen Nachbesserungsmassnahmen definiert. Ein Beispiel einer Review Checklist ist im Anhang 10.3 Diverse Unterlagen abgelegt.

5.6.2.3 IST/SOLL-Analyse

Die durch die Review Reports ersichtlichen Nachbesserungsmassnahmen, sowie die anzupassenden Prozessbeschreibungen bilden die IST/SOLL-Analyse. Diese stellt somit den Aktivitätenplan für die anzupassenden Vorgabe- und Nachweisdokumente sowie für die Erstellung neuer Dokumentation und Standard-Arbeitsanweisungen dar.

Falls in der Analyse grosse Diskrepanzen im Bereich „Sicherheit" festgestellt werden, empfehle ich diese ausserhalb der Validierungstätigkeiten abzuhandeln.

5.6.2.4 Erfahrungsbericht

Zum jetzigen Zeitpunkt kann mit der Erstellung des Erfahrungsberichts begonnen werden. Die aus den Review Reports gewonnenen Dokumente sind so aufzubereiten und zu referenzieren, dass sich daraus eine übersichtliche Zusammenfassung der Zustände und Entwicklungen der vergangenen Jahre ergibt.

5.6.3 3 - Detailphase

Der EU-GMP Leitfaden, Annex 11 Computergestützte Systeme formuliert: „Eine ausführliche Beschreibung des Systems sollte erstellt (gegebenenfalls mit Diagrammen) und ständig aktualisiert werden. Diese Beschreibung sollte Grundsätze, Zielsetzungen, Sicherheitsmassnahmen und Einsatzbereich des Systems umfassen und aufzeigen, wie das System eingesetzt wird und ob Wechselwirkungen mit anderen Systemen oder Verfahren bestehen" [36]

In der Detailphase wird daher auf Basis der vorhergehenden Tätigkeiten der Konzeptphase das von den regulatorischen Behörden erwartete Qualitätssystem aufgebaut und die relevante Dokumentation erstellt um zu Beweisen, dass die IT-Infrastruktur gemäss den QSR-Anfoderungen betrieben wird. Dabei sollten die folgenden drei Haupttätigkeiten aufeinanderfolgend durchgeführt werden:
- Standardisierung und/oder Erstellung von SOPs
- Standardisierung und/oder Erstellung der Dokumentation
- Durchführung von Lieferantenaudits

5.6.3.1 Standardisierung / Erstellung von SOPs

SOPs sollten vom Personal erstellt werden, welche die entsprechenden IT-Infrastruktur Systeme verwaltet. Der Review dieser Standardarbeitsanweisungen sollte einerseits vom IT-Management und andererseits von der Qualitätssicherungs-Abteilung durchgeführt werden um sicherzustellen, dass die Gute Praxis angewendet wird.
Die Koordination und Vorgehensweise der Überarbeitung und Erstellung der relevanten SOPs (und Dokumente) wird idealerweise in Zusammenarbeit mit der Qualitätssicherungsabteilung vorgenommen. Somit kann die Qualität der zukünftigen Dokumentation besser gewährleistet werden und Redundanzen im Qualitätsmanagement, Rollen und Aufgaben werden nicht mehrfach vergeben. Die Involvierung der Qualitätsabteilung macht zu diesem Zeitpunkt ausserdem insofern Sinn, als dass die Konsistenz des firmenweiten Qualitätssystems auch zukünftig von der Qualitätssicherungsabteilung sichergestellt werden muss.

Mit Vorteil erstellt die QS-Abteilung die Vorlage für die zu erstellenden SOPs und führt alle SOPs. Diese sollen durch die QS-Abteilung zum späteren Zeitpunkt mit Freigabeprozeduren freigegeben werden, in ihrem Dokumentenmanagement-System verwaltet und unter ihrem nummerngeführten System gepflegt werden. Die SOPs sollen in ihrer Gesamtheit die tatsächlichen Arbeitstätigkeiten wiederspiegln und sollten die Grundlage für den kontinuierlichen Unterhalt der IT Infrastruktur bilden. Alle SOPs, welche aus der IST/SOLL-Analyse erstellt und/oder angepasst werden sollten am Prozess „Verwaltung der IS/IT" aufgehängt sein. Dieser Prozess beschreibt die grundlegenden Anforderungen, Aufgaben, Rollen und Tätigkeiten der Abteilung und referenziert die auszuführenden Tätigkeiten zum Unterhalt der IT - Infrastruktur mit den entsprechenden SOPs. Die Qualität und Leistung der SOPs soll der Prozess soll durch definierte Messungen der einzelnen SOPs gewährleisten.

Die Überarbeitung der bestehenden Prozesse, sowie die Erstellung der neuen SOPs bildet die Haupttätigkeit der Validierung. Der zu betreibende Aufwand ist als Gross einzustufen.

5.6.3.2 Standardisierung / Erstellung der Dokumentation

Die Vergangenheitsbewältigung mit dem Erfahrungsbericht
Logs, Formulare, Installationsanleitungen und weitere Dokumentation welche als Folge der Anwendung der SOPs entstehen oder in der Vergangenheit entstanden sind, sollen eine Hilfestellung für den Unterhalt und das Troubleshooting, sowie als dokumentierte Beweisführung für die regulatorischen Behörden dienen, dass die IT-Infrastruktur in der Vergangenheit die definierten, beabsichtigen Aufgaben erüllt und diese auch in der Gegenwart und der Zukunft mit hoher Wahrscheinlichkeit erfüllen wird. Damit wird bewiesen, dass Prozesse und Arbeitsanweisungen etabliert und befolgt werden. Hierbei sei der folgenden Aussage der FDA besondere Beachtung geschenkt: „In God we trust, all others have to provide documents and data". Abgeleitet daraus ergibt sich die folgende Aussage: „Was nicht dokumentiert wird/wurde, wurde nicht gemacht".

Als Grundlage zur Überarbeitung der bestehenden und Erstellung der neuen, notwendigen Dokumentation sollte den folgenden Aspekten vorgängig besondere Beachtung gegeben werden:

Einführung von Dokumententypen
Zur Vereinheitlichung der Bezeichnung der Dokumentation sollten Dokumententypen eingeführt werden. Diese sollten in einem separaten Dokument definiert und mit den entsprechenden Abkürzungen beschrieben werden. Das Dokument soll in die entsprechende SOP Dokumentenverwaltung verweisen.

Einführung von Mustervorlagen
Zur Vereinheitlichung der Dokumentation sollten Mustervorlagen pro Dokumententyp erstellt werden. Diese Mustervorlagen sollten über alle Typen hinweg mindestens immer den folgenden Inhalt haben:
- Zielbeschreibung
- Zweckbeschreibung
- Gültigkeitsbereich
- Unterschriftenseite
- Version
- Genaue Bezeichnung

• Inhalt des Dokuments
Die Erstellung von Mustervorlagen erhöht die Effizienz in der Überarbeitung und Erstellung der Dokumentation erheblich sowohl für in der Vergangenheit erstellte Dokumente, sowie auch für zukünftig zu erstellende Dokumente.

Einführung eines Nummersystems

Einführung der Dokumenten-Master-Liste
Mit Vorteil wird die in der Konzeptphase erstellte Liste der IT-Infrastruktur Dokumentation als erstes Dokument gemäss der erstellten Mustervorlagen übernommen. Die somit neu entstandene Dokumenten-Master-Liste bildet das zentrale Register und den zentralen Index der entstehenden Dokumentation und muss laufend mit dem aktuellen Stand der Dokumentation mitgeführt werden. Die Liste kann somit auch als zentrale Aktivitätenliste „Dokumentation" verwendet werden. Die folgenden Kontrollattribute sollen in der Dokumenten-Master-Liste verwendet werden:
- Eindeutiger Dokumentencode (generiert aus der Mustervorlage und dem Dokumententypen)
- Ablageort des Dokuments
- Version
- Eigentümer
- Status des Dokuments

Einführung eines eigenen Dokumentenmanagements
Sofern noch keine DMS-Software vorhanden ist, sollte diese in Anbetracht der enormen Vorteile eines Dokumentenmanagement Systems zu diesem Zeitpunkt auf die Einführung ebendieses ausgerichtet werden. Andernfalls sind die Attribute, sowie die Form der bestehenden und neuen Dokumentation im System anzupassen.
Aufgrund der enormen Masse der gesichteten Dokumente, sowie der Tatsache, dass die Dokumentation bedeutend schnelleren Lebenszyklen unterworfen ist, als jener der SOPs, ist es sinnvoll ein eigenes, abteilungsinternes Dokumentenverwaltungssystem zu etablieren. Dieses soll ausschliesslich für die abteilungsinterne Dokumentation verwendet werden. Alle übrigen Dokumente sollen über die Qualitätssicherungsabteilung gepflegt werden. Die entsprechende SOP „Dokumentation" soll die die Verwaltung und Freigabe der Dokumentationen regeln.
Die Dokumente sollten erst nach der Überarbeitung in das Dokumentenmanagement System übernommen werden.

5.6.3.3   Durchführung von Lieferanten-Audits

Der Anwender sollte jeden Lieferanten formell bewerten. In vielen Fällen wird die Bewertung ein Audit des Lieferanten einschliessen. Im Audit kann festgestellt werden, dass ein Lieferant entweder ein gut funktionierendes, formelles Qualitätsmanagement System (QMS) einsetzt oder eine anerkannte Zertifizierung z.B. nach ISO 9001 erlangt hat. Falls dies der Fall ist, können die bestehenden Lieferanten-Vorgehensweisen anstelle der in diesem Leitfaden definierten angewendet werden. Jede Übereinkunft dieser Art sollte formell zwischen Anwender und Lieferant vereinbart und im Qualitäts- und Projektplan dokumentiert werden.
Die Begründung für die Nicht-Auditierung eines Lieferanten sollte formell dokumentiert werden.

5.6.4   4 - Implementierungsphase

Die Implementierungsphase besteht aus den beiden folgenden Haupttätigkeiten:
- Falls noch nicht durchgeführt: Lieferanten-Audit
- Schulung des Personals
- Implementierung der Systeme
- Finalisierung des Erfahrungsberichts

Die Implementierungsphase setzt somit die erstellten SOPs, sowie die entsprechende Dokumentation in Kraft. Von diesem Zeitpunkt an ist ohne Abweichung nach den definierten Standard-Arbeitsanweisungen vorzugehen.

5.6.4.1   *Schulung des Personals*

Den folgenden beiden Grundsätzen sollte unbedingte Beachtung geschenkt werden:
- SOPs können erst in Kraft treten, wenn das Personal geschult wurde. D.h. Das Personal hat an der Schulung teilgenommen, den Inhalt der Schulung verstanden und hat dies durch Unterschrift schriftlich bestätigt.
- Nur das für eine bestimmte SOP geschulte Personal darf die durch die SOP abgedeckten Tätigkeiten ausführen.

Bevor die SOP- und Dokumentensysteme implementiert werden, muss daher das Personal auf die ihren Arbeitsbereich betreffenden SOPs geschult werden. Zwecks Verbesserung der Teamarbeit, sowie der interdisziplinären Unterstützung empfiehlt es sich, das gesamte Personal in allen SOPs zu schulen. Somit kann unter anderem auch die Autorisierung zur Durchführung von Arbeitstätigkeiten bei Ausfällen sichergestellt werden.

Es sollte eine Schulungsliste zur Schulung für die überarbeiteten und neu erstellten SOPs erstellt werden. Die Schulungsliste sollte das Personal der gesamten Abteilung, sowie alle SOPs aufgeteilt auf zwei Achsen beinhalten. Die Zugehörigkeiten von Personen und SOPs, sowie das Datum der abgelegten Schulung sollen aus der Liste klar ersichtlich sein.

Die Liste muss zwingend nachgeführt werden. Dies sollte in der entsprechenden SOP „Managment of IS/IT" definiert sein.

Zur Effizienzsteigerung entspricht die Schulungseinladung dem Schulungsnachweis. Minimal sollte die Schulungseinladung / der Schulungsnachweis folgenden Inhalt haben:
- Ort und Datum der Schulung
- Instruktor, Dozent, Trainer
- Inhalt der Schulung (SOP Name und –Nummer)
- Teilnehmer
- Unterschriften (Der Text: Ich bestätige hiermit, an dieser Schulung teilgenommen, und deren Inhalt verstanden zu haben.)

Ebenfalls aus Gründen der Effizienz empfiehlt es sich, die Updates von SOPs welche bereits geschult wurden via email zu schulen. Folgender Inhalt sollte in der Schulungs-E-Mail ersichtlich sein:
- Datum und Absender der Schulung
- Inhalt der Schulung (SOP Name und –Nummer)
- Teilnehmer
- Der Text: Diese SOP gilt Gleichzeitig als Schulungsnachweis. Siehe dazu Doc# ######

Die emails, sowie die Schulungsnachweise müssen über den in einer SOP „Dokumentenverwaltung" festgelegten Zeitraum archiviert werden

5.6.4.2 Implementierung der Systeme

Sobald das Personal in den entsprechenden SOPs geschult wurde, müssen die SOPs über den entsprechenden formalen Prozess freigegeben werden. Von diesem Zeitpunkt an muss das gesamte Personal nach den definierten SOPs arbeiten und sämtliche Dokumente gemäss der definierten Richtlinien erstellen und im entsprechenden Dokumenten-System ablegen. Die Einführungsphase dieser beiden Systeme stellt die kritischste Phase dar. Eine kontinuierliche Überprüfung der Einhaltung der SOPs und der daraus resultierenden Dokumentation sollte durchgeführt, respektive institutionalisiert werden. Zur Verbesserung der Effizienz und Effektivität der Arbeitsabläufe sollte das Personal unbedingt miteinbezogen werden, da das Wissen der Abläufe vor allem bei den einzelnen Personen liegt. Ist die Akzeptanz bei der Einführung des Systems gering, so kann dies ein ernsthaften Problemen und übersteigerten Zeitaufwänden zur Aufrechterhaltung des validierten Zustands zur Folge haben.

Vom Zeitpunkt der Implementierung des Systems laufen alle Änderungen an den Arbeitsabläufen, sowie an der Dokumentation über die definierten Änderungskontrollabläufe ab.

5.6.5   5 - Realisierungsphase

In der Realisierungsphase findet die Qualifikation der Installation (IQ) der IT Infrastruktur, sowie die Qualifikation der Operation (OQ) derselben statt. Der Leistungsqualifikation (PQ) muss im Rahmen der retrospektiven Validierung keine Beachtung geschenkt werden, da das System bereits in Betrieb ist. Jedoch sei hier angemerkt dass bei Neuinstallationen und grösseren Änderungen nach der retrospektiven Validierung eine PQ durchgeführt werden sollte.

5.6.5.1   Installationsqualifikation (IQ)

Die IQ liefert den dokumentierten Nachweis, dass ein System gemäss schriftlicher und genehmigter Spezifikation installiert wurde.
Basis der IQ bildet somit die in der Dokumentation erstellten, respektive überarbeiteten Systembeschreibungen und Inventarlisten. Diese sind mit IQ-Formularen gegen die tatsächliche Installation querzuprüfen. (Bsp.:Stimmen die IP-Adressen, Hostnamen, Betriebssystemversionen etc. mit der Installation überein?)
Als wichtiges Beispiel im Rahmen der 21 CFR Part 11 Einhaltung ist das Mitschreiben von Protokolldateien zu beachten. Mit IQ-Tests sollte bewiesen werden, dass Protokolldateien auch tatsächlich mitgeschrieben werden.

5.6.5.2   Operational   Qualifikation/Performance   Qualification (OQ/PQ)

Die OQ liefert den dokumentierten Nachweis, dass ein System gemäss schriftlicher und genehmigter Spezifikation innerhalb aller vorgesehener Betriebsbereiche arbeitet. Die Basis der OQ bilden die mit Lieferanten definierten SLAs, eigene, gegenüber internen Kunden definierten SLAs (zum Beispiel im Bereich Help Desk), sowie die SOPs. (Bsp.: Druckt der Printserver die Testseite aus? Falls ja, so ist der OQ-Test erfüllt.)

5.6.5.3   Validierungsbericht

Unabhängig von der Grösse und dem Anwendungsbereich der Validierung ist es immer erforderlich, einen Validierungsbericht zu erstellen, der das gesamte Projekt zusammenfasst, den endgültigen Erfolg taxiert und eindeutig die Akzeptanz der endgültigen Lösung durch den Anwender und die Qualitätssicherung darlegt. Dieser Bericht sollte die Ergebnisse der Tätigkeiten, die im Validierungsplan vorgegeben wurden, dokumentieren, sowie allfällige noch nicht erreichte kleinere Teilbereiche in einer Aktivitätenliste zusammenfassen.
Der Validierungsbericht wird bei der retrospektiven Validierung durch den Erfahrungsbericht ergänzt.

5.6.5.4   Erfahrungsbericht

Der Erfahrungsbericht ist bei der retrospektiven Validierung zwingend notwendig. Dieser ergänzt den Validierungsbericht um die Beschreibung der Zustände und Entwicklungen der vergangenen Jahre. Zusammen mit dem Validierungsbericht legen diese beiden Berichte die Beweisführung dar, dass die IT Infrastruktur innerhalb der definierten Bereiche ihren beabsichtigten Nutzen erfüllt haben und in Zukunft mit höchster Wahrscheinlichkeit erfüllen werden.

5.6.6   6 – Betriebs-Phase

Wenn die IT Infrastruktur validiert und in Betrieb ist, sollten Massnahmen etabliert werden, um sicherzustellen, dass das System in einem validierten Zustand verbleibt, d.h. dass die Integrität der Hardware, der Software, der Daten und der zugeordneten Dokumentation in Übereinstimung mit allen relevanten regulatorischen und allen firmenspezifischen Anforderungen gewährleistet ist. Der Anwender sollte betriebliche Pläne und Vorgehensweisen erstellen und pflegen, die festlegen, wie alle Unterstützungstätigkeiten nach der Akzeptanz ausgeführt und organisiert werden.

Die Erhaltung des validierten Zustands umfasst:
• Alle in der Konzept- und Implementierungsphase erarbeiteten SOPs und der daraus resultierenden Dokumentation (Vorgabe- und Nachweisdokumente)
• Betriebliche Pläne und Vorgehensweise: Für die retrospektive Validierung sollten betriebliche Pläne erstellt werden, um sicherzustellen, dass alle Unterstützungstätigkeiten, wie Standard-Arbeitsanweisungen (SOPs), Training, Serviceverträge und Geschäftsprozesskontinuitätsplanung erstellt, geprüft, genehmigt und, falls erforderlich, gestestet wurden. SOPs, die den Einsatz und die Pflege der IT-Infrastruktur festlegen, sollten erstellt werden. Eine Liste von SOPs, die für die Pflege der IT-Infrastruktur erforderlich ist, kann aufgestellt werden durch Prüfung, welche der Themen, die in diesen Abschnitten beschrieben sind, anzuwenden sind
• Betriebliche Änderungslenkung (Change Control): Alle Änderungen, die während der Betriebsphase der IT Infrastruktur vorgeschlagen werden, sollten einem formellen Änderungslenkungsverfahren unterzogen werden. Sie sollten vor der Implementierung geprüft, hinsichtlich der Auswirkung und des Risikos bewertet, genehmigt, dokumentiert, getestet und freigegeben werden [37]

5.6.7 7 - Stilllegung

Die Ausserbetriebsetzung kann, abhängig vom Umfang der betroffenen Daten und Aufzeichnungen, eine umfangreiche Aufgabe sein, insbesondere bei IT-Systemen. Betrachtet werden sollte:

- Die Erstellung von Vorgehensweisen für die System-Ausserbetriebsetzung
- Welcher dokumentierte Nachweis muss für Aktionen während der Ausserbetriebsetzung und dem Abbau des Systems aufbewahrt werden
- Welche GxP-Aufzeichnungen sind für welchen Aufbewahrungszeitraum zu pflegen und welche Aufzeichnungen können vernichtet werden.
- Die Notwendigkeit, Aufzeichnungen in ein neues System zu übertragen und gegebenenfalls in dem neuen System zu archivieren, sowie eine Methode zur Verifikation und Dokumentation dieses Vorgangs
- Die Fähigkeit, die übertragenen Aufzeichnungen in dem neuen System zurückzulesen
- Die Aufbewahrung veralteter Hardware und Software zum Zwekc der Aufbewahrung von Aufzeichnungen und Rückgewinnung. Dies wird nicht als Langzeit-Lösung vorgeschlagen.
- Möglichkeit der Umwandlung in portierbare Dateiformate
- Archivierung der Managementvorgehensweisen einschliesslich Speichermedium, Ablage, Ort, Kennzeichnung und Langzeitintegrität
- Welche Dokumentation für das abgeschaltete System weiterhin gepflegt werden muss, falls die elektronische Aufzeichnung, die ursprünglich von diesem System erstellt wurden, weiterhin für einen definierten Aufbewahrungszeitraum aufgrund der Vorschriften benötigt werden. [38]

6 Praktische Umsetzung

6.1 Einleitung

Die retrospektive Validerung der IT-Infrastruktur der Firma XY wurde im Februar 2004 gestartet und Ende März 2005 mit dem Valdierungs- und Erfahrungsbericht beendet.

6.1.1 Umfeld

Die Validierung der IT-Infrastruktur stand im Kontext diverser firmeninterner Validierungstätigkeiten, welche vorwiegend Anfang 2004 initiiert wurden und sich in der ersten Phase vorwiegend auf die Tätigkeiten im Hauptsitz bezogen.
Im Kontext dieser Arbeit sind die Validierungstätigkeiten der IT Abteilung erwähnenswert. Die prospektive Validierung des XY ERP Systems fand zeitgleich und unabhängig von der Validierung der IT-Infrastruktur statt und wurde ebenfalls zeitgleich abgeschlossen. Somit konnten Synergien der Berater und zwischen den einzelnen Validierungsteams effizient genutzt werden.

6.1.2 Geltungsbereich

Die retrospektive Validierung der IT-Infrastruktur hat sich auf den Hauptsitz beschränkt. Die Infrastruktur der Aussenlokationen ist zu diesem Zeitpunkt noch nicht validiert. Ziel ist es, auf Basis der erstellten Validierungsdokumentation und der SOPs des Hauptsitzes die Aussenlokationen ebenfalls zu validieren. Hierfür wurden die Aussenlokationen in die drei Kategorien A, B und C aufgeteilt. Die Kriterien hierfür waren die Grösse der Lokation, die Grösse der lokalen IT -Abteilungen, sowie der Tätigkeitsbereich der Lokation. Basierend auf diesen drei Kategorien wurde der zu der Detaillierungsgrad der zu erstellenden Dokumentation festgelegt, sowie die einzuführenden SOPs stufengerecht zusammengefasst. Mithilfe des Hauptsitzes werden diese an die Arbeitsweise und Tätigkeitsbereiche der Aussenlokationen angepasst werden. Die IT-Infrastruktur Validierungstätigkeiten der Aussenlokationen werden im laufenden Jahr 2005 abgeschlossen sein.

6.1.3 Rollen

Das Team, welches die IT-Infrastruktur im Hauptsitz verwaltet, besteht im Kern aus sieben Personen und drei Auszubildenden. Der Aufbau des Teams gestaltet sich wie folgt:

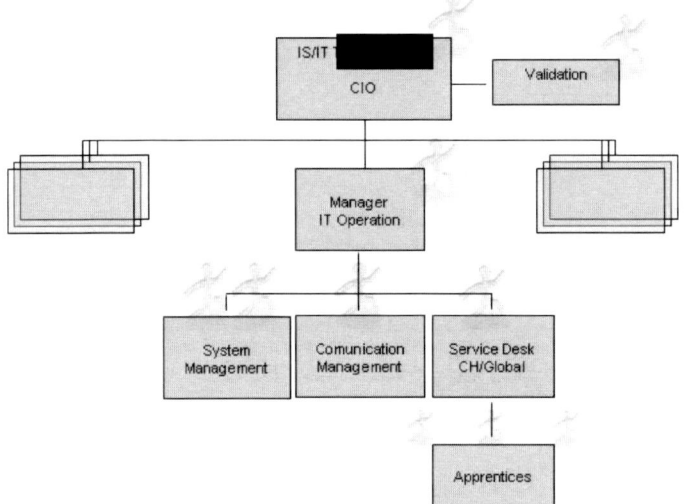

Abbildung 9: Organigramm bezüglich IT Infrastruktur Validierung [39]

Dieses Organigramm zeigt den Ausschnitt des IT Personals welches für die IT-Infrastruktur zuständig ist und in der retrospektiven Validierung tätig war. Die Auszubildenden waren in die Validierungstätigkeiten nicht involviert.

Aufgrund der während der Validierung gemachten Erfahrungen und der gestiegenen Anforderungen an die Dokumentation und Prozesse wurde das IT-Organigramm 2005 um die zwei Stabsstellen „QM Validation and Security" und „IT Coordination" erweitert.

Verantwortlich für die Durchführung der retrospektiven Validierung war der „Manager IT Operation". Er übernahm die Projektkoordination und war, zusammen mit dem CIO direkter Ansprechpartner der Beratungsfirma, welche XY bei der Validierung unterstützte. Der Grossteil der IT-Infrastruktur Validierung wurde vom „Manager IT Communication" in Zusammenarbeit mit der CIO Stabsstelle durchgeführt. Die drei Personen aus den Bereichen „System Management" und „Service Desk" waren teilweise an der Erstellung der SOPs ihres Tätigkeitsbereiches beteiligt. Der Grossteil der zu überarbeitenden, sowie zum Teil neu zu erstellenden Dokumentation wurde bereichsweise von den einzelnen Mitarbeitenden verfasst. Erwähnenswert ist, dass der „Manager IT Operation" zusätzlich zu seinen koordinierenden Aufgaben für die Administration des XY-weiten ERP Systems zuständig ist, sowie verantwortlich für die Validierungstätigkeiten im Bereich „ERP Core System" zuständig war.

6.2 Chronologischer Ablauf der retrospektiven Validierung

In den nachfolgenden Abschnitten werden die bei XY durchgeführten Validierungstätigeiten der IT-Infrastruktur nach deren chronologischem Ablauf geordnet beschrieben. Dies soll den theoretischen Teil um die praktischen Ansätze ergänzen und den Lesenden dazu ermuntern, Vor- und Nachteile gegeneinander Abzuwägen um eine bestmögliche Validierung seinerseit durchführen zu können.
XY lehnte sich für die retrospektive Validierung der IT-Infrastruktur stark an GAMP an.

Der Übersicht halber ist in der nächsten Abbildung nochmals das hergeleitete Basismodell für die retrospektive Validierung einer IT Infrastruktur zu ersehen:

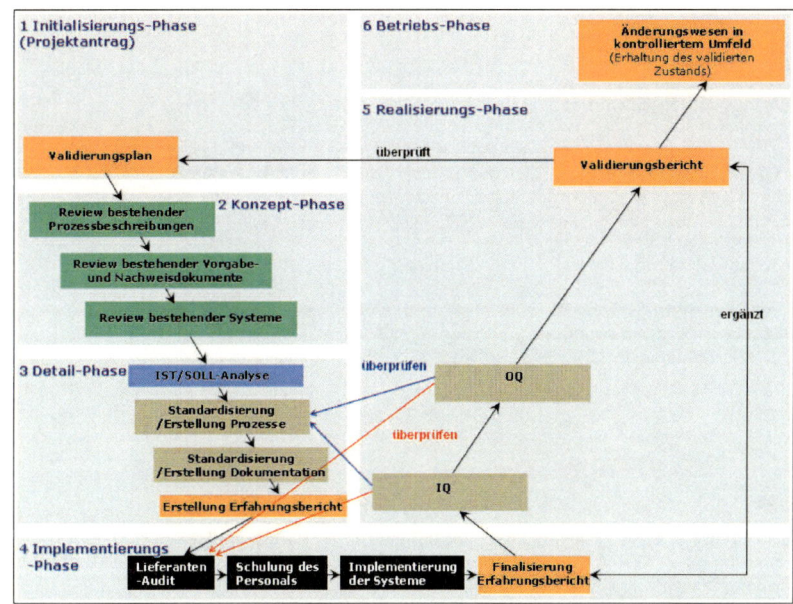

Abbildung 10: Grundlegendes Modell zur retrospektiven Validierung [40]

6.2.1   1 – Initialisierungsphase

Nebst der Erstellung aller notwendigen Dokumente wie dem Master Validierungsplan, den Projektplänen und den einzelnen Validierungsplänen stand die Initialisierungsphase vor allem im Zeichen der Schulung. Innerhalb der XY war der Begriff „Validierung" zu diesem Zeitpunkt noch nicht bekannt. In auf die entsprechenden Betriebsbereiche abgestimmten Workshops wurden die Mitarbeitenden in die „Validierung" eingeführt. Es wurde Ihnen aufgezeigt, welche konkreten Tätigkeiten die Validierung der Produkte und Prozesse der Firma XY für die einzelnen Bereiche nach sich ziehen wird und welche Aktionen folgen werden. Diese Projektinitialisierungs-Workshops wurden von der externen Beratungsfirma durchgeführt, da kein internes Know-How vorhanden war.

Die Schaffung des Bewusstseins bezüglich Validierung war eine der wichtigsten Phasen für die erfolgreiche Durchführung aller Validierungstätigkeiten. Im Kapitel „Kritische Erfolgsfaktoren" werde ich auf gemachte Erfahrung in der Initialisierungsphase und deren Auswirkungen genauer eingehen.

6.2.1.1   Validierungsplan

In und nach den durchgeführten Projektinitialisierungs-Workshops wurden die Rollen und Verantwortlichkeiten für die Validierung der einzelnen Betriebsbereiche festgelegt. Für den gesamten IT-Bereich wurde ein Master-Validierungsplan (MVP) erstellt, welcher alle zu erfüllenden Validierungskriterien den vorhandenen Ressourcen zuordnete. Der Master-Validierungsplan umfasste die Validierungsbereiche:

- IT-Infrastruktur Validierung
- Validierung des ERP Core Systems
- Validierung der ERP Prozesse
- Validierung der Stammdaten

Abgeleitet aus dem MVP wurde ein Validierungsplan geschrieben, welcher sämtliche Validierungstätigkeiten innerhalb der IT zusammenfasste. Dadurch wurde die Koordinations- und Kontrollfunktion mit der Beratungsfirma, sowie zwischen den einzelnen zu validierenden Bereichen erleichtert.

Für jeden Validierungsbereich wurde ein Validierungsplan erstellt.

Da der Validierungsplan das zentralste und wichtigste Dokument zur erfolgreichen Durchführung der Validierungstätgkeiten darstellte, wird der Inhalt Validerungsplans der IT-Infrastruktur nachfolgend umrissen:

6.2.1.1.1   Einleitung

Zweck

Beschreibung aller notwendigen Aktivitäten zur retrospektiven Validierung der IT-Infrastruktur um zu belegen, dass das darauf aufgesetzte ERP System in einem definierten, kontrollierten und kontrollierbaren Umfeld gemäss dem definierten Anforderungen administriert werden kann.

Übersicht, Definition und Beschreibung aller Aktivitäten welche notwendig sind um zu belegen, dass die IT-Infrastruktur in Übereinstimmung mit allen anwendbaren regulatorischen Richtlinien war, ist und bleiben wird

Geltungsbereich

Die Validierung der IT Infrastruktur umfasst all Computersysteme mit deren assoziierter Hardware, Software und deren Netzwerkkomponenten um die Geschäfte der Firma XY zu betreiben. Ausgeschlossen sind die Systeme und deren Software zugehörig zu zu validierenden Applikationen.

Das Dokument umfasst die beiden Bereiche:

- Transferierung der IT-Infrastruktur in ein kontrollierbares Umfeld
- Erhaltung des validierten Zustands

Geltungsbereich ist der Hauptfirmensitz

6.2.1.1.2 Organisation

Organisationsstruktur der Validierung
Projektleitung: Manager IT Operation
Die Teammitglieder sind für die Umsetzung der Validierungsaktivitäten ihrer Arbeitsbereiche zuständig.

Grundlegende Struktur der zu erstellenden SOPs
Die zu validierenden SOPs wurden im Prozess „IS/IT Management" definiert und umrissen.

6.2.1.1.3 Validation Approach

Bestehende Dokumentation
Die bestehende Dokumentation der IT-Infrastruktur wird durch die Teammitglieder rezensiert um diese zu klassifizieren und in elektronischen Ordnerstrukturen abzulegen, welche den Validierungsanforderungen genügen.

Inventur der Hard- und Software
Als zentrales Dokument wird die Inventarliste inklusive der Infrastruktur-Detailangaben angepasst um die aktuelle Situation wiederzuspiegeln.

Sicherheit (Physical)
Bestehende Maßnahmen zur Sicherstellung von kontrolliertem physischen Zugriff zu Computer-Anlagen werden überprüft. Falls notwendig werden entsprechende Maßnahmen eingeleitet um diese vor unerlaubtem Zugriff zu schützen.

SOPs
Bestehende Prozeßbeschreibungen werden überprüft und gemäss den durch die Qualitätsabteilung definierten Vorlagen neu erstellt
Für alle IT-Infrastruktur Bereiche, welche in operativen Tätigkeiten durchgeführt, jedoch noch nicht dokumentiert sind, werden Standardarbeitsanweisungen (SOPs) verfaßt.

Outsourcing
Alle Lieferanten werden definiert und bewertet. Lieferanten Audits werden durchgeführt zur Gewährleistung der Einhaltung aller anwendbaren regulatorischen Richtlinien durch den Lieferanten.
Definition einer SOP zur Sicherstellung notwendiger Dokumentation des gegenwärtigen Status, sowie aller nachfolgenden Modifikation am desselben.

Training
Alle notwendigen Trainingsmassnahmen werden gemäss den zu erstellenden SOPs definiert und im Abgleich mit den notwendigen Schulungen gemäss der definierten Arbeitsbereiche durchgeführt.
Die Trainingsnachweise werden als Beweismittel aufbewahrt.

IQ, OQ
Die Installation, sowie die operativen Funktion der IT-Infrastruktur wird getestet, gemessen und - wo definiert - gegen SLAs verglichen.

IT Security Risk Assessment
Ein Risk Assessment wird in definierten Bereichen der IT-Infrastruktur durchgeführt um potentielle Risikobereiche zu identifizieren. Die Resultate sowie daraus resultierende Verbesserungsaktivitäten werden dokumentiert.

Haltung der IT-Infrastruktur in validiertem Zustand

Gemäss den definierten Verantwortungsbereichen werden die IT Teammitglieder Pläne und Vorgehensweisen erstellen und unterhalten um zu beschreiben, wie die IT-Infrastruktur nach Abschluß der Validierungstätigkeiten im validierten Status verbleibt. Diese Pläne und Vorgehensweisen werden alle Bereiche der zu erstellenden SOPs abdecken.

Validierungsbericht

Zum Abschluß der Validierungstätigkeiten wird ein Validierungsbericht erstellt, welcher die folgenden Hauptbereiche abdecken wird:
- Gegenprüfung zum Validierungsplan
- Zusammenfassung der Validierungsaktivitäten
- Beweisführung, daß die Validierungsziele erreicht wurden
- Beweisführung, daß sämtliche validierungsrelevanten Dokumentationen und SOPs sauber abgelegt und jederzeit für Inspektionen zur Verfügung stehen

6.2.1.1.4 Aktivitäten und Verantwortlichkeiten

Administrative Aktivitäten

Instandhaltung und kontinuierliche Anpassung
- der Besprechungsprotokolle
- der Verantwortlichkeits-Matrizen
- der Validations-Dokumentation
- •er Problem-Tracking-Liste, sowie
- Vorgehen gemäss der definierten Änderungsprozeduren.

Initialisierungsphase
- Verfassen und Instandhalten des Validierungsplans

Konzeptphase
- Sammlung aller verfügbarer Dokumentation
- Review der Inventarlisten
- Erstellung des Aktionsplans für das Security Risk Assessment
- Entwicklung des Erfahrungsberichts, der die Vergangenheit der IT Infrastruktur widerspiegelt.

Detailphase
- Erstellung der Prozeßbeschreibung der IT Infrastruktur
- Entwicklung der SOPs gemäss der Prozeßbeschreibung
- Durchführung der Lieferantenaudits und Beschreibung der daraus resultierenden Aktivitäten
- Anpassung der Inventurlisten
- Fertigstellung der IT-Infrastruktur Dokumentation und Transfer derjenigen in eine Dokumentenkontrolle

Implementierungsphase
- Planung und Durchführung aller notwendigen Trainingsaktivitäten
- Entwicklung von IQ/OQ-Testplänen für alle Bereiche der IT-Infrastruktur

Realisierungsphase
- Abschluß sämtlicher Trainingsaktivitäten
- Durchführung der IQ/OQ-Tests
- Vorbereitung des Validierungsberichts

Betriebsphase
Vorgehen gemäss aller durch die Validierungtätigkeiten in Kraft gesetzten Vorgehensweisen um die IT-Infrastruktur in validiertem Zustand zu halten.

6.2.2   2 – Konzeptphase

In der Konzeptphase wurden sämtliche bestehenden IT-Infrastruktur Prozesse und Dokumentationen gesichtet um einen Überblick über den Ist-Zustand der Dokumentation zu erlangen. Der Soll-Zustand der SOPs wurde gemäss der im GAMP4 - Additional Material: Final Draft IT Infrastructure Quality Assurance (Nov. 2000) ersichtlichen SOP-Tabelle erarbeitet.

6.2.2.1   *Review existierender Prozessbeschreibung*

Die Verwaltung der IT-Infrastruktur war zu Beginn der Validierungtätgkeiten bereits ISO 9001:2000 zertifiziert. Dies erleichterte den Review der bestehenden Prozesse, da bereits eine Prozesssystematik vorhanden und die wichtigsten Bereiche der Verwaltung mittels Prozessen abgedeckt waren.

Primäres Ziel der Überprüfung war es, die Grundlagen zur Überarbeitung des Prozesses „IS/IT Management" zu schaffen, da darin alle IT-Infrastruktur SOPs definiert und referenziert werden.

In einem ersten Schritt wurden die bestehenden Prozesse gesichtet und der SOP-Liste des GAMP (s. Einleitung Kapitel 6.2.2) gegenübergestellt. Es wurde davon ausgegangen, dass die Anwendung aller im GAMP-Guide vorgeschlagenen IT-Infrastruktur SOPs die regulatorischen Anforderungen an die gute Herstellpraxis mehr als erfüllen.
Die entstandenen SOP-Lücken wurde auf eine mögliche, sinnvolle Einsetzbarkeit für die Verwaltung der XY IT-Infrastruktur überprüft und vom Management entweder in die Liste der zu erstellenden SOPs aufgenommen oder verworfen.
Daraus entstand der untenstehende „XY IS/IT SOP-Index" (Die *kursiv* gedruckten SOPs waren bereits vorhanden). Anschliessend wurden die Kernbereiche definiert, welche die entsprechenden SOPs zu erfüllen haben. Die Grundlage zur Erstellung des Prozesses war somit vorhanden

General Management

SOP	Schlüsselinhalte
Management of IS/IT	Definitionen und Richtlinien zum Management der gesamten IS/IT
Management of IS/IT Contracts and SLAs	Überwachung und Steuerung der SLAs, der Verträge und der zugrunde liegenden Service Qualität
Management of IS/IT Records and Documents	Definition der Vorgehensweise zur Erstellung, Veröffentlichung und Ablage validierter Dokumente der IS/IT
Management of IS/IT Licenses	Auswertung und Überwachung der Software Lizenz Situation

Server Management

Installation and Change of Hard- and Software	Sicherstellung der Verwaltung, Dokumentation und Nachvollziehbarkeit von Installation und Änderungen der Server Infrastruktur um jegliche Art systembedingter Ausfälle zu minimieren
Maintenance of Hard- and Software	Beschreibung des Vorgehens bei Unterhalts-Arbeiten an Hard- und Software im Serverumfeld um die NAchvollziehbarkeit jeder Änderung zu gewährleisten

SOP	Schlüsselinhalte
Monitoring	Beschreibung der Server-Überwachung und deren Ergebnis-Dokumentation
Service Startup / Shutdown	Sicherstellung der Dokumentaion und Nachvollziehbarkeit von Service und Server-Stopps und -Starts
Job Scheduling	Sicherstellung der Verwaltung, Dokumentation und Nachvollziehbarkeit in der Einplanung automatisch ablaufender Jobs auf den Servern
Inventory	Beschreibung des Server Inventar-Procederes und Sicherstellung der Dokumentation und Nachvollziehbarkeit desgleichen

Network Management

Installation and Change of Hard- and Software	Beschreibung der Verwaltung, und Dokumentation von Änderungen im Netzwerk, um jegliche Art systembedingter Ausfälle zu minimieren
Problem Resolution of Hard- and Software Errors	Definition der Vorgehensweise und Beschreibung der notwendigen Schritte im Falle von Netzwerk-Kommunikationsproblemen
Monitoring	Beschreibung der kontinuierlichen Überwachung sämtlicher Kommunikationskomponenten zur Verhinderung von Ausfällen, sowie der langfristigen Optimierung

Desktop Management

Management of Desktops	Beschreibung der Beschaffung, Verwaltung und Dokumentation von Notebooks, Desktops und Druckern. Sicherstellung der Nachvollziehbarkeit von Änderungen auf Notebooks und Desktops
Management of Mobile Units	Beschreibung der richtigen Handhabung mobiler IT Systeme sowie eine Information an den Benutzer über dessen Einsatzmöglichkeiten
Management of IS/IT Service Desk	Beschreibung des Support Ablaufs im Service Desk, sowie der Handhabung beim Eintritt spezieller Ereignisse. Beschreibung des Ablaufs beim Ein- und Austritt von Mitarbeitenden
Management of SAP Support	Definition der Vorgehensweise und der notwendigen Schritte im SAP Support
Management of SAP Training and Guidelines	Definition der Vorgehensweise und der notwendigen Schritte für das Erstellen und Ändern von SAP-Schulungsunterlagen und SAP Bedienerführungen

Security Management

Management of IS/IT Security	Sicherstellung und Beschreibung des korrekten Ablaufs der Erstellung und Löschung von User Accounts in den Systemen
Management of Computer Virus Protection	Sicherstellung eines pro-aktiven Schutzes vor Computer-Viren

Data Management

Data Backup and -Restore	Beschreibung des Datensicherungs- und Wiederherstellungs-Procederes um eine fehlerfreie, lückenlose und nachvollziehbare Datensicherung und –Wiederherstellung zu gewährleisten
Data Archiving	Beschreibung der Vorgehensweise zur Sicherstellung der langfristigen Verfügbarkeit von Montas- und Jarhesbackups sowie der SAP Transport-Dokumentation

Quality Management

Quality Assurance	Beschreibung des Qualitätskonzepts der IS/IT sowie der Definition der einzuhaltenden Richtlinien.
Review of IS/IT Records and Documents	Beschreibung des Reviews aller Dokumente in Bezug auf die Validierung und den Unterhalt der XY Systeme. Alle Dokumenten-Reviews haben den definierten Richtlinien zu folgen.

Configuration and Change Management

SOP	Schlüsselinhalte
IS/IT Change Management	Beschreibung der Vorgehensweise zur Verwaltung, Dokumentation und Nachvollziehbarkeit von Installationen und Änderungen an der gesamten IS/IT Infrastruktur zur Minimierung jeglicher Art systembedingter Ausfälle
Global SOP Change Request for IS/IT Systems	Gemäss SOP IS/IT Change Management. Jedoch globale Gültigkeit aufgrund des globalen SAP Projekts
SAP Transport Release	Beschreibung des Verfahrens bei Transport-Anfragen in die XY SAP Systeme, um SAP Applikations-Modifizierungen fehlerfrei und nachvollziehbar durchzuführen

Continuity Management

IS/IT Contingency Planning	Beschreibung des einzuhaltenden Procederes bei möglichen Ausfällen von Systemen oder Diensten

Tabelle 3: IT-Infrastruktur SOP Index [41]

6.2.2.2 Review bestehender Vorgabe- und Nachweisdokumente

Die bestehende Dokumentation wurde zur Vorbereitung des Reviews in einen Index niedergeschrieben. Ziel war es, die existierende Dokumentation effizient zu sichten, zu bewerten und zuzuordnen.
In einem ersten Schritt wurden die Dokumente den SOPs zugeordnet. Dokumente, welche für den Erfahrungsbericht relevant waren, wurden gekennzeichnet.
In einem zweiten Schritt wurde jedes Dokument einem Review Report unterzogen. Dies wurde mithilfe einer Checkliste durchgeführt. Die Ergebnisse und korrektiven Massnahmen wurden in neun Review Reports, welche den obgenannten SOP Kategorien entsprechen niedergeschrieben.

Die Dokumente wurden somit klassifiziert und konnten in eine grundlegend neue, elektronische Ordnerstruktur abgelegt werden, welche ebenfalls gemäss den in der Tabelle 3 aufgelisteten Kategorien entsprechen.

Die Sichtung, Überprüfung und Auflistung der bestehenden Dokumentation war neben der Anpassung derjenigen die zeitaufwendigste Aufgabe.

6.2.2.3 Vorbereitung Security Audit

Da im Bereich der physischen Sicherheitsvorkehrungen bereits bei der Überprüfung der bestehenden Dokumentation Mängel und Lücken festgestellt wurden, hat man sich entschlossen mit Unterstützung einer externen Firma einen Security Audit durchzuführen. Ein Fragebogen wurde ausgearbeitet, der den aktuellen Status der Sicherheits-vorkehrungen aufnehmen sollte.

6.2.2.4 IST/SOLL-Analyse

Die Differenz zwischen der Soll-Dokumentation und dem Ist-Zustand wurde in einer IST/SOLL-Analyse festgehalten. Diese entspricht einerseits dem Inhalt obgenannten Review Reports und andererseits der neu erstellten SOP Liste.

Die notwendigen Aktivitäten zur Behebung der Lücken wurden geplant und Aufgaben zugeordnet.

6.2.3   3 - Detail-Phase

6.2.3.1   Standardisierung/Erstellung von SOPs

Um den Rahmen der zu überarbeitenden und zu erstellenden SOPs klar zu definieren wurde zuerst der Prozess „IS/IT Management" erstellt. Der Prozess schildert die Durchführung des Unterhalts der IT-Infrastruktur mithilfe der SOPs, definiert die Prozess-Schnittstellen, sowie die aus den SOPs resultierenden Messgrössen.

Der neue Aufbau des gesamten Qualitätssystems der IT-Abteilung führte in dieser Phase zu teils kontroversen Diskussionen. Da die Terminologien noch nicht klar waren wurde heftig darüber debattiert, was der Inhalt von Policies, von Prozessen, von SOPs und der entsprechenden Dokumentation sei. Auch war man sich nicht im Klaren, welche SOPs bereits zu diesem Zeitpunkt als Global und welche als lokal zu definiren waren. Es wurde entschieden, sich vorerst nur auf lokale SOPs zu beschränken und danach auf Basis des konsistenten, validierten Qualitätssystems der IT-Infrastruktur im Hauptsitz die Validierungsaktivitäten in den einzelnen XY Niederlassungen zu initieren. Die IT Policies wurden zu diesem Zeitpunkt ebenfalls noch nicht betrachtet und als ausserhalb des Geltungsbereichs der Validierung definiert.

In einem weiteren Schritt wurden die bereits bestehenden SOPs in die durch die Qualitätssicherungsabteilung definierte, neue Form gebracht. Dabei wurde der bestehende Inhalt mit den GAMP SOP Vorgaben verglichen um allfällige inexistente Bereiche zu identifizieren. Zusätzlich wurden die Review Reports beigezogen um zu schauen ob alle Arbeitsschritte vorhanden waren, die zu der in den Review Reports definierten Dokumentation führen.

6.2.3.2   Standardisierung/Erstellung der Dokumentation

Im Rahmen der parallel durchgeführten prospektiven Validierung des ERP Systems wurden Standards zur Dokumentenverwaltung entwickelt. Diese umfassten Namenskonventionen, die einzuhaltende Ablagestruktur, sowie ein Index in dem alle Dokumente geführt waren. Da die erstellte Struktur sehr stark an die ERP-Projektaktivitäten angelehnt war, entschied das Management, für die IT Operation eine eigene Dokumentenverwaltung einzurichten.

Grundlegend stellte sich die Frage, ob die IT-Infrastruktur Dokumente über die Qualitätssicherungsabteilung geführt werden sollten. Der alternative Ansatz, welcher schlussendlich umgesetzt wurde, sah die Erstellung eines eigenen Dokumentensystems vor. Es wäre zu zeitaufwendig, die gesamte IT Infrastruktur Dokumentation bestehend aus mehreren hundert täglich ändernden Dokumenten über die Qualitätssicherungsabteilung verwalten zu lassen. Die Handhabbarkeit der abteilungsinternen Dokumentation rechtfertigt den doppelten Pflegeaufwand mehrerer Dokumentensysteme.

Zu diesem Zeitpunkt war die Einführung einer firmenweiten Dokumenten Management System Applikation (DMS) geplant. Als Vorbereitung auf die Einführung, sowie die vereinfachte Übernahme in ein DMS wäre die Vereinheitlichung der gesamten IT-Dokumentenstandards sicherlich sinnvoll gewesen. Andererseits waren die Anforderungen an die Dokumente im Rahmen des ERP Projekts und der IT Infrastruktur zu verschieden um diese auf einen sinnvollen einheitlichen Standard zu setzen. Der DMS-Ansatz wurde jedoch in beiden Bereichen weiter verfolgt.

Die Review Reports wurden zur sogenannten „List of IS/IT operational Documents" zusammengefasst. Ein Nummersystem wurde etabliert, sowie die einzuhaltenden Arbeitsschritte in die SOP „Management of IS/IT Records and Documents" niedergeschrieben. Die Liste war und ist das zentrale Steuerungsdokument der gesamten IT-Infrastruktur Dokumentation.

Es stellte sich die Frage, wie die Nachweisdokumente in den SOPs referenziert werden ohne dass beispielsweise die Erstellung einer neuen Installationsanleitung dazu führt, dass die entsprechende SOP neu versioniert werden muss. Man entschied sich für die folgende Lösung:

In den IT-Infrastruktur SOPs wird als Dokumentationsoutput durchgehend auf die „List of IS/IT Operational Documents" verwiesen. Die Nachweisdokumente werden also nicht statisch in die SOP geschrieben. Somit wird sichergestellt, dass die SOPs nur bei Änderungen am Arbeitsablauf überarbeitet werden.

Die eineindeutige Zuweisung des Dokuments zu einer SOP wird wie folgt sichergestellt: Für jede SOP wurde eine dreistellige IT SOP Nummer definiert. Aus dieser Nummer ist die Kategorie der SOP, sowie die Unterkateogrie ersichtlich. Danach folgt eine zweistellige Bezeichnung für den Dokumententypen gefolgt von einer vierstelligen Laufnummer. Das Dokument „List of IS/IT operational documents" trägt beispielsweise die Nummer 140LI0001 V1.0:

- 140 – Das Dokument gehört zum Bereich 1 General Management. Der Arbeitsablauf wird in der vierten SOP „Management of IS/IT Records and Documents" beschrieben.
- LI – Es handelt sich um eine Liste. Es ist also das IT Template für Listen zu verwenden.
- 0001 – Die Laufnummer des Dokuments

Zur Vereinheitlichung der Dokumentation und Sicherstellung des korrekten Dokumentenflusses wurden vier Dokumenten Templates erstellt:
- GL-Guidelines: Diese werden zur Erstellung sämtlicher Systembeschreibungen und Installationsanleitungen verwendet
- LI-Listen: Verwendung für sämtliche Listen und Inventare
- LO-Logs: Verwendung für sämtliche Testdokumentation und Systemprotokolle
- NO-Notifications: Verwendung für sämtliche Notifikationen, z.B. bei Systemausfällen

Die Templates haben jeweils ein Deckblatt, welches allgemeine Informationen über das Dokument enthält. Dies sind:
- Einleitung
- Zweck und Geltungsbereich
- Verweise (auf SOPs und andere Dokumente)
- Inhaltsverzeichnis und Beschreibung der verwendeten Felder
- Dokumenten / Template Kontrolle
- Unterschriftenteil: Autor und Genehmigung
- Fusszeile: Dokumentennummer, Autor, Freigabe- und Änderungsdatum

Anschliessend folgt auf den Folgeseiten das eigentliche Dokument.

Die gesamte Dokumentation wurde in diese Templates übernommen, aktualisiert und die in den einzelnen Review Reports festgestellten Mängel behoben. Für die Überarbeitung der Vorgabe- und Nachweisdokumente wurde die bereits erwähnte „Review Checklist" verwendet, welche im Anhang 10.3 Diverse Unterlagen abgelegt ist . Die Übernahme der Dokumente dauert bis zu diesem Zeitpunkt noch an, da es sich um mehrere hundert Dokumente handelt.

Nachdem ein Dokument in die neue Form übernommen wurde, wurde dieses gemäss der „List of IS/IT Operational Documents" mit einer IT Dokumentennummer versehen und nach Unterzeichnung durch den Autor und dessen nächsthöherem Vorgesetzten freigegeben. Auf den Inhalt der Dokumente konnte somit nur noch über die erwähnte Liste geschlossen werden. Zur schnelleren Auffindung entschloss sich das IT Team, die Attributfunktion des Windows Explorer zu nutzen. Die Dokumente wurden mit einem Titel beschrieben, welcher im Windows Explorer angezeigt werden kann. Somit ist es nicht immer notwendig die Index Liste zur Auffindung von Dokumenten zu verwenden.

Parallel zu diesen Überarbeitungstätigkeiten wurde bereits damit begonnen, den Erfahrungsbericht zu verfassen. Es wurde begonnen die aus den Review Reports gewonnenen Dokumente so aufzubereiten und zu referenzieren, dass sich daraus eine übersichtliche Zusammenfassung der Zustände und Entwicklungen der vergangenen Jahre ergibt.

Wie bereits erwähnt, ist für die Verwaltung der XY Dokumentation bis dato noch kein DMS im Einsatz. Somit ist die Verwendung elektonischer Unterschriften zwecks Ablage in auschschliesslich elektronischer Form für die IT Dokumentation derzeit unmöglich. Denn die 21 CFR Part 11-Kriterien können ohne ein validiertes DMS nicht erfüllt werden. Dies führt dazu, dass sämtliche erstellte Dokumentation ausgedruckt und in Ordnern abgelegt werden muss.

6.2.3.3   Durchführung von Lieferanten-Audits

Als Teil der Qualitätsbeurteilung und -bewertung von Lieferanten und des Bekenntnisses von XY zur Sicherstellung der Produktqualität und Einhaltung der Anforderungen von ISO, FDA und cGxPs führt XY eine Beurteilung der derzeitigen und zukünftigen Lieferanten durch.

Bevor über die Notwendigkeit eines Audits vor Ort bestimmt wird, werden die Lieferanten gebeten, einen Fragebogen auszufüllen. Die aus diesem Fragebogen hervorgehenden Informationen ermöglichen es XY, die Qualitätssysteme, Abläufe, die Lenkung der Prozesse und die Dokumentation zu verstehen. Nach der Durchsicht des ausgefüllten Fragebogens wird entscheiden, ob ein Audit oder zusätzliche Informationen notwendig sind.

Die Planung der Lieferanten Audits war zum Zeitpunkt der Detail Phase noch nicht abgeschlossen. Die Koordination Prüfungen und Erstellung der Vorlagen wurde von der Qualitätssicherungsabteilung durchgeführt.

Diese Befragungen werden zum Zeitpunkt des Abschlusses dieser Diplomarbeit durchgeführt. Der Fragebogen enthält Fragen zur:

- Allgemeinen Tätigkeit des Lieferanten
- Qualitätsmanagement (Allgemeine Fragen und Dokumentenlenkung)
- Mitarbeiterschulung
- Dienstleistungsangebot
- Beschaffung
- Produktion (Allgemeine Fragen, Prozesslenkung, Prüfung, Prüfmittel, Prüfstatus, Behandlung fehlerhafter Produkte, Handhabung, Lagerung, Verpackung und Versand, Qualitätsaufzeichnungen, Statistische Methoden)
- Änderungswesen

6.2.4   4 - Implementierungs-Phase

6.2.4.1   Schulung

Bevor die SOPs und das Dokumentensystem implementiert wurden, musste das Personal auf die ihren Arbeitsbereich betreffenden SOPs geschult werden. Damit die Autorisierung zur Durchführung von Arbeitstätigkeiten bei Ausfällen sichergestellt ist, wurde das IT Personal in allen SOPs geschult.
Es wurde eine Schulungsliste zur Schulung für die überarbeiteten und neu erstellten SOPs erstellt.

Zur Effizienzsteigerung wurde die Schulungseinladung gleichzeitig als Schulungsnachweis definiert, in welcher
- Ort und Datum der Schulung,
- Instruktor, Dozent, Trainer,
- Inhalt der Schulung (SOP Name und –Nummer),
- Teilnehmer und
- Unterschriften (Der Text: Ich bestätige hiermit, an dieser Schulung teilgenommen, und deren Inhalt verstanden zu haben.) ersichtlich waren.

SOPs welche zu einem früheren Zeitpunkt bereits geschult und nun nachgebessert wurden, wurden via email nachgeschult. Die versendeten emails gelten gleichzeitig als Schulungsnachweis.

Sämtliche Schulungsnachweise werden im Archiv über die Dauer von 15 Jahren abgelegt.

6.2.4.2   Einführung der Systeme

Nach der Schulung der SOPs wurden diese über die Qualitätssicherungsabteilung durch den entsprechenden formalen Prozess freigegeben. Seit diesem Zeitpunkt arbeitet das gesamte IT Personal nach den definierten SOPs. Ausserdem werden sämtliche Dokumente gemäss der definierten Richtlinien erstellt und im Dokumentensystem abgelegt.
Vom Zeitpunkt der Implementierung des Systems laufen alle Änderungen an den Arbeitsabläufen, sowie an der Dokumentation über die definierten Änderungskontrollabläufe ab. Diese werden in der Betriebsphase, Kapitel 6.2.6, genauer beschrieben.

6.2.5   5 - Realisierungs-Phase

6.2.5.1   IQ und OQ

Die Durchführung der Installation- und Operation Qualification Tests wurde bis zu diesem Zeit noch nicht konsequent durchgeführt. Die notwendige Dokumentation und die Messgrössen wurden erarbeitet und die Durchführung der IQ/OQ-Tests in der Aktivitätenliste des Validierungsberichts verfasst.

6.2.5.2   Validierungsbericht

Der Validierungsbericht beschreibt die retrospektive Validierung der IT Infrastruktur. Er ist das zusammenfassende Dokument, das alle Validierungsergebnisse und –aktivitäten gegen den Validierungsplan kontrolliert und den dokumentierten Nachweis erbringt, dass die Pflege XY IT-Infrastruktur die Einhaltung der anwendbaren regulatorischen Richtlinien erfüllt und zukünftig mit hoher Wahrscheinlichkeit erfüllen wird. Alle Abweichungen vom Validierungsplan wurden in einer Aktivitätenliste zusammengefasst.

6.2.5.3   Erfahrungsbericht

Der verfasste Erfahrungsbericht ergänzt den Validierungsbericht um die Beschreibung der Zustände und Entwicklungen der vergangenen Jahre. Er verweist somit auf die vor der Validierung verwendeten ISO Prozesse und die in den Review Reports gesichteten Dokumente, welche die durchgeführten Tätigkeiten der Vergangenheit wiederspiegeln. Der Erfahrungsbericht wurde bereichsübergreifend sowohl für die retrospektive Validierung der IT-Infrastruktur, als auch für den Betrieb des XY ERP Systems verfasst.

6.2.6   6 - Betriebs-Phase

Nach Ablauf der Einführung der neuen Arbeitsanweisungen und des Dokumentenmanagements wurde überlegt, wie eine Vereinheitlichung der Arbeitsweisen zwischen den einzelnen IT-Abteilungen der XY weltweit vollzogen werden kann. Dies ist insbesondere von grosser Wichtigkeit, da die IT-Infrastruktur der einzelnen XY Lokationen ebenfalls nach regulatorischen Richtlinien gepflegt werden müssen, somit also eine retrospektive Validierung ebenfalls durchgeführt werden muss. Der grundlegende Aufbau der weltweiten IT-Dokumentenstruktur wurde gemäss der nachfolgenden Abbildung 11 definiert.

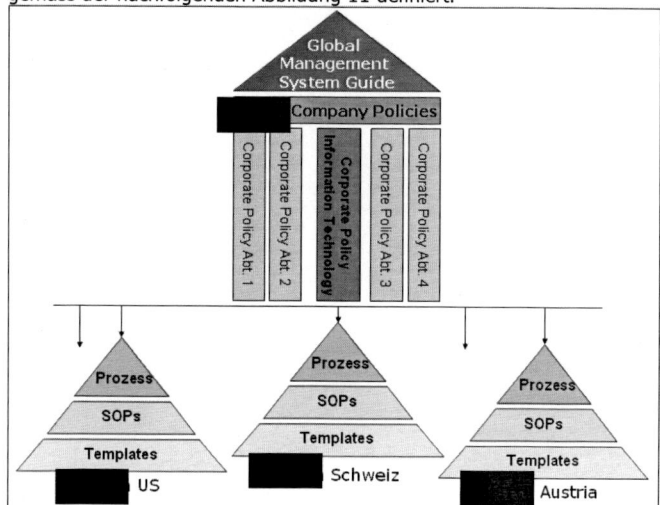

Abbildung 11: Dokumentenpyramide IT weltweit [42]

Die globalen Prozesse, SOPs und Templates sind Abkömmlinge der Summe der globalen XY Policies. Diese Elemente repräsentieren das minimale Kernsystem für die individuellen, lokalen IT Dokumenten-Systeme. Das Kernsystem kann um lokale Eigenheiten ergänzt werden. Eine Reduktion basierend auf lokalen Bedürfnissen ist nicht erlaubt.

Wie bereits erwähnt wird die Existenz und Einhaltung von SOPs benötigt um zu gewährleisten, dass alle Dienstleistungen nach kontrollierbaren und dokumentierten Kriterien ausgeführt werden. Neben den drei SOP Kategorien wurde die Existenz von globalen und lokalen SOPs definiert. Globale SOPs sind verbindlich für alle IT Abteilungen aller Lokationen. Dies schließt den Hauptsitz mit ein.

Um das Rad für jede weitere XY Lokation nicht von Neuem erfinden zu müssen wurden drei SOP Kategorien (A, B und C) basierend auf den im Hauptsitz erstellten SOPs definiert. Kategorie A umfasst alle im Hauptsitz erstellten SOPs. Kategorie B und C sind bestimmt für verschiedene Aussenlokationen. Abhängig von der Grösse der jeweiligen Organisation werden diese entweder der Kategorie B oder C zugeteilt.

- A: Alle IT Aktivitäten sind in SOPs aufgeführt
- B: Die SOPs von A sind zusammengefaßt zu den wichtigsten Bereichen
- C: Eine lokale SOP deckt alle IT Aktivitäten ab

6.2.6.1   Change Management

Eine globale SOP „IT Change Management" wurde bereits zu Beginn der Validierungstätigkeiten freigegeben, da diese für das Änderungswesen bei der weltweiten ERP System Implementierung benötigt wurde. In der Betriebsphase wurde die SOP nun erweitert, um den täglichen Änderungsanforderungen auch für die IT-Infrastruktur gerecht zu werden.

Es benötigte viel Denkarbeit, das Änderungswesen so anzupassen, daß kleine Änderungen, z.B. Modifikationen, nicht dazu führen, daß einerseits diverse Formulare ausgefüllt und andererseits ebenso viele Änderungs-Protokolle angepaßt werden mußten. Man entschied, nebst dem bereits bestehenden Formular „Change Request for IT Systems" ein Formular „System Modification Form" einzuführen. Die Arbeitsanweisung, wann welches Dokument für welche Art von Änderung benötigt wird, wurde angepaßt. Diese funktioniert analog einer Abbremsstrecke für Änderungen: Je kleiner und weniger risikoreich die Änderung ist, desto weniger Dokumentation ist erforderlich. Je größer, irreversibler und risikoreicher die Änderung, desto mehr Dokumentation ist von Nöten. In dem untenstehenden Flußdiagramm, Abbildung 12, ist ein ähnlicher Ablauf ersichtlich:

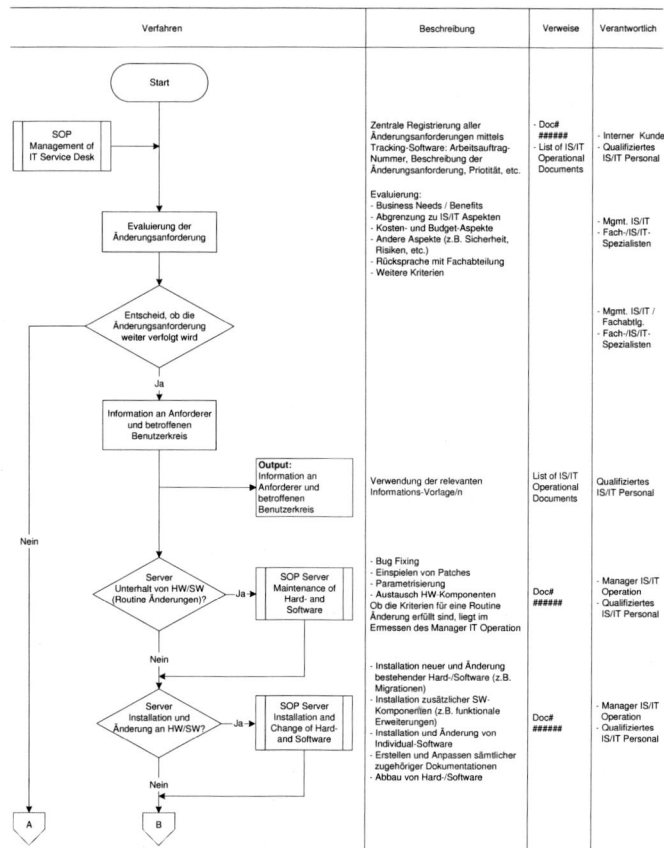

Abbildung 12: IT Change Management 1 von 2 [43]

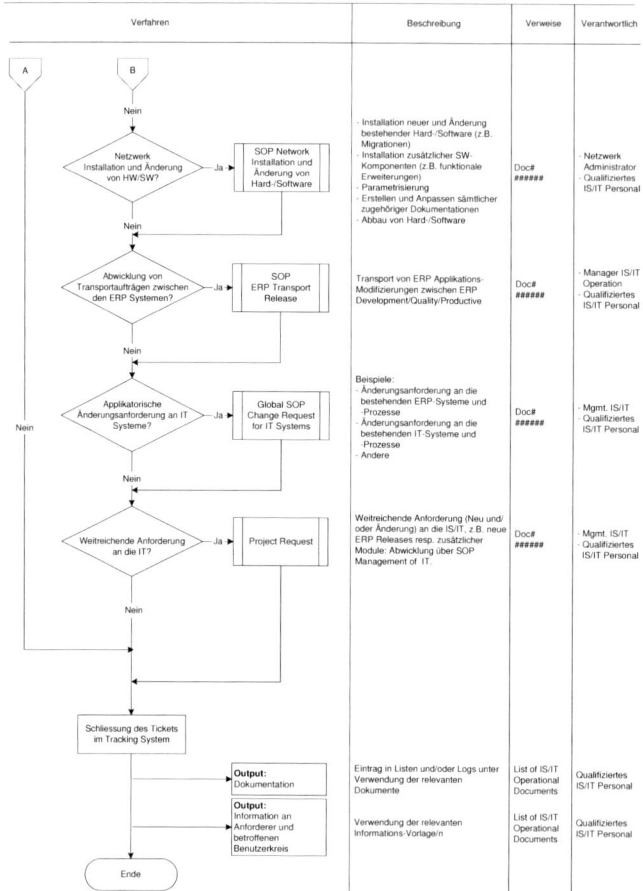

Abbildung 13: IT Change Management 2 von 2 [44]

Beschreibung des Ablaufs:
Der Eingang einer Änderung findet immer über den IT Service Desk statt. Somit werden alle Änderungen zentral registriert, erfaßt und numeriert. Nach Eingang wird jede Änderungsanforderung gemäß den ersichtlichen Kriterien evaluiert. Danach findet die erste Bremsung statt:

Falls es sich um eine Routine Änderung im Serverumfeld handelt (Bug Fixing, Einspielung von Patches, Parametrisierung, Austausch von Hardware Komponenten), so wird in die SOP „Server Unterhalt abgezweigt". Die Änderung wird geplant, durchgeführt und in das Change Management Protokoll eingetragen. Danach, Rückkehr in die IT Change Management SOP.

Falls es sich um die Durchführung einer Installation im Serverumfeld handelt, obige Kriterien also nicht erfüllt werden, so wird in die SOP „Server Installation von Hard- und Software" abgezweigt. Die Änderung wird geplant, zusätzlich muß das Formular „IT System Modification"

ausgefüllt werden. Damit wird sichergestellt, daß sämtliche Stellen innerhalb der Abteilung informiert werden und die Kriterien:
- Die Modifikation ist reversibel
- Operative Prozesse funktionieren nach der Änderung wie zuvor
- Die Änderung benötigt weniger als drei Manntage Aufwand

erfüllt sind.

Trifft auch dies nicht zu, so werden – wie ersichtlich – weitere Abfragen gestellt bis schlußendlich das Formular „IT Change Request" ausgefüllt werden muß oder ein Projektantrag zu stellen ist. Dies ist die letzte Abfrage.

Mit diesem, in seinen Ansätzen geschilderten Änderungslenkungs-verfahren wird sichergestellt, daß die IT-Infrastruktur im validierten Zustand verbleibt.

7 Kritische Erfolgsfaktoren

Einer der wesentlichen kritischen Erfolgsfaktoren zur erfolgreichen Durchführung der retrospektiven Validierung der IT-Infrastruktur ist die Schaffung des positiven Bewusstseins bezüglich der Terminologie Validierung. Es reicht nicht, die Mitarbeitenden in der Thematik zu schulen. In vieler Erinnerung wird sonst zu Beginn nicht „GMP = Good Manufacturing Practice", sondern „GMP = Giant Mass of Paper" stehen. Viele werden ansonsten lediglich einen sehr grossen Zusatzaufwand auf sich zukommen sehen. Die Mitarbeitenden müssen zwingend auch auf die vielen Vorteile, welche eine Validierung mit sich bringt aufmerksam gemacht werden (s. dazu Kapitel 8 „Nutzen aus der Validierung"). Die so geschaffene Motivation zu Beginn der Validierung macht einen Grossteil des langfristigen Erfolgs aus.

In den meisten Fällen wird die Validierung von den Mitarbeitenden neben ihrer allgemeinen Tätigkeiten durchgeführt. Die Lernkurve bei jeder Validierung ist sehr steil. Demzufolge wird vor allem in der Anfangsphase überdurchschnittlich viel Zeit für Validierungstätigkeiten in Anspruch genommen werden müssen. Nebenläuffige Tätigkeiten bergen die Gefahr der Verzögerung. Eine besonders gute Projektplanung mit vielen Kontrollschritten ist zur Durchführung einer erfolgreichen Validierung unumgänglich

Die Validierung ist ein grosses Feld. Wichtig ist, diejenigen Validierungstätigkeiten durchzuführen, welche zwingend notwendig und sinnvoll sind. Es ist bedeutend einfacher zu einem späteren Zeitpunkt den Validierungsbereich zu vergrössern, als zurückzubuchstabieren. Zu Beginn der bei XY durchgeführten Validierungstätigkeiten war so gut wie kein internes Fachwissen vorhanden. Die externe Beratungsfirma führte die Mitarbeitenden in die Validierung ein und begleitete das Projekt. Die Aufgabe von XY war es, die Validierung durchzuführen und um das Praxiswissen zu ergänzen. Es ist daher sehr wichtig, dass das Management hinter dem Validierungsprojekt steht und in Zusammenarbeit mit den Beratern genau festlegt, was auf welche Art validiert wird. Oft ist es leider einfacher zu sagen, dass alle Bereiche validiert werden müssen als sich zu überlegen wo eine Validierung denn auch sinnvoll wäre.

Bei der retrospektiven Validierung der IT-Infrastruktur wird ein lebendes, seit geraumer Zeit existierendes System reorganisiert. In den meisten Fällen gibt es gute Gründe für den aktuellen Zustand des Systems. Es sollte daher in die Validierungsplanung der einzelnen Fachgebiete unbedingt das Fachpersonal miteinbezogen werden. Dies steigert einerseits die Akzeptanz und führt andererseits dazu, dass die einzelnen Bereiche sinnvoll reorganisiert werden.

Die Änderung des bestehenden, lebenden Systems kann ausserdem sehr schnell dazu führen, dass die Dokumentation in inkonsistente Zustände fällt. Ich empfehle, eine Person zu definieren über welche sämtliche Transformationstätigkeiten durchgeführt werden.

8 Nutzen aus der Validierung

Validierung ist die formelle Dokumentation guter Systementwicklungspraktiken. Der grundsätzliche Vorteil der Validierung ist die Einhaltung der Vorschriften. Die Information, die während der Validierung und danach generiert und gepflegt wird, führt zu verbesserter und bestätigter Vorschrifteneinhaltung, wenn spezifizierte Änderungen des Prozesses eingeführt werden.

Systeme, die gut definiert und spezifiziert sind, sind einfacher instand zu halten, was sich in geringerer Stillstandszeit ausdrückt. Ein Vorteil liegt darin, einen definierten Vorgang zu haben, der Systeme, die für den Zweck geeignet sind, zeitgerecht und ohne Überschreitung des Budgetrahmens liefert, und die Anwenderanforderungen aktuell und auf längere Sicht erfüllt.

Die PIC/S-Richtlinie zur Validierung legt eindeutig dar, dass die Verantwortlichkeit für die Einhaltung der Vorschriften beim Auftraggeber liegt. Typischerweise liegen viele Informationen, die für die Validierung neuer Ausrüstungen und Prozesse benötigt werden, bereits in der Lieferantenorganisation vor. Dieses Wissen muss zu der Anwenderorganisation übertragen werden. Die Validierung hilft, diesen Transfer durchzuführen, und generiert Informationen zu den neuen Ausrüstungen oder Systemen während des Betriebs.
Dies ist besonders hilfreich bei neuen Produkten, die mit neuen Systemen und Ausrüstungen hergestellt werden. Deshalb ist es wesentlich, dass ein Mechanismus verfügbar ist, mit dem diese Information systematisch identifiziert und erfasst werden kann, so dass das erforderliche Wissen innerhalb der Anwenderorganisation generiert und gepflegt wird.

Wissen, das im Rahmen vom Validierungsprozess erworben wird, umfasst:

- *Verstehen des Prozesses*: Informationen zu einem Prozess, die im Rahmen des Transfers und der Validierung des Prozesses erworben werden, ermöglichen, zusammen mit den Informationen, die vom Lieferanten verfügbar sind, ein tiefes Verstehen dieses Prozesses.

- *Verbesserte Betriebseffizienz*: Tiefes Verstehen des Prozesses fördert üblicherweise die anfängliche Effizienz nach Inbetriebnahme. Das bedeutet wiederum, dass die Effizienzkurve, die typischerweise bei jedem neuen Prozess zu verzeichnen ist, wegen des Einsatzes kontinuierlicher Verbesserungsprozesse schneller ansteigt. Das resultiert in verbesserter Betriebseffizienz innerhalb eines verkürzten Zeitrahmens. Ebenso gilt generell: Je höher die Anfangseffizienz, desto höher die letztendlich erreichte Effizienz.

- *Reduziertes Ausfallrisiko*: Informationen, die während der Validierung generiert werden, erlauben die Identifizierung der kritischen und sensitiven Teile eines Prozesses. Geeignete Massnahmen können getroffen werden, um zu verhindern, dass der Prozess die Ausfallgrenzen erreicht.

- *Pflege der Qualitätsstandards*: Ergebnisse der Prozesskontrolle und Trends stellen Warnungen zu heiklen Änderungen im Prozess bereit. Gekoppelt mit einem tiefen Wissen über die signifikantesten Prozessparameter, das während der Validierung erworben wurde, stellt dieses ein unschätzbares Werkzeug bereit, um über Aktionen zu entscheiden, die aus dem Prozess heraus benötigt werden, um die Vorschriften einzuhalten.

Reduzierte Betriebskosten und verbesserte Rentabilität sind zwei der geschäftlichen Vorteile, die sich aus den oben beschriebenen Wissensvorteilen ergeben. Solche Vorteile bleiben während des Betriebslebens des Systems erhalten, falls entsprechende betriebliche Managementverfahren eingeführt wurden. Die Vorteile stehen ab der Inbetriebsetzung des Systems zur Verfügung, nehmen aber mit der Zeit zu, solange Verbesserungen ausgeführt werden. Solche Verbesserungen können von Bedienern mit dem detailliertesten Prozessverständnis gemacht werden. Ihre Einbeziehung in die Validierung ist oft von Vorteil.

9 Schlussfolgerungen / Empfehlungen

Die Einführung einer Dokumenten Management System Software (DMS) ist vor Beginn der Validierungstätigkeiten ernsthaft in Betracht zu ziehen und gegebenenfalls durch ein vorgängiges Projekt einzuführen. Eine DMS Software birgt in vieler Hinsicht diverse Vorteile, insbesondere beim Aufbau der gesamten Validierungsdokumentation, sowie deren kontinuierlicher Pflege. Eine DMS Software unterstützt den Nutzer und gibt bereits eine Struktur vor. Zudem vereinfacht sie das Auffinden von Dokumenten, da ausgereifte Suchalgorithmen bereits durch das System gegeben sind. In jedem Fall ist der Aufbau der Validierungsdokumentation auf eine DMS Software auszurichten.

Die Inexistenz eines DMS führt aufgrund der 21 CFR Part 11 Vorschriften zu einer Steigerung der Papierablage. Es ist nützlich, sich vorgängig Gedanken zu machen, wie und wo die Papierablage aufgebaut und gepflegt werden soll.

9.1 Interviews

Zur Vertiefung des Einblicks in die Validierung wurden im Rahmen dieser Diplomarbeit am 4. April 2005 vier Interviews durchgeführt. Die vier Personen waren und sind intensiv in die Validierungstätigkeiten eingebunden. Es sind dies:

P.R. – Mitarbeitender Validierung
O.W. – Teilprojektleiter ERP Einführung
A.N. – Teilprojektleiter ERP Einführung
G.B. - CIO

1-War Ihnen Validierung vor den entsprechenden Projekten bekannt?
P.R.:
Generell waren mir Validierungsansätze, sowie die einzelnen Deliverables nicht bekannt. Die Begriffe Qualifizierung, Verifizierung und Zertifizierung waren mir vom „Hören Sagen" bekannt. Für mich gehen alle diese Bereiche in die gleiche Richtung. Die Differenzen sind Nuancen.
O.W.:
Als Teilprojektleiter sind und waren mir die Vorgehensmodelle aus diversen durchgeführten Projekten bekannt. Das Lebenszyklus V-Modell lehnt sich ja zu mehr als 80% an das Wasserfallmodell an. Aufgrund meines Hintergrundes (ich habe mehrere Jahre für XY in den USA als IT-Verantwortlicher gearbeitet) war mir Validierung ein Begriff, jedoch habe ich den daraus resultierenden Arbeitsaufwand deutlich unterschätzt. Literarisch war mir das Thema sehr wohl bekannt.
A.N:
Nein. Ich kannte die Terminologie Validierung nur vom „Hören Sagen". Ich war von der Durchführung einer Validierung nie direkt betroffen.
G.B.:
Ja. Validierung war mir durch externe und interne Ausbildung bekannt.

2-Was erachten Sie als erwähnenswerte Vorteile der bei uns durchgeführten Validierungstätigkeiten?
P.R.:
Man wird sich über gewisse Dinge bewusst, so zum Beispiel über die Wichtigkeit und Bedeutung von Abläufen und Spielregeln, der Dokumentation. Die effektive Durchführung der Validierung war ein grosser Vorteil. Die Kommunikation und der Informationsaustausch wurden stark gefördert.
O.W.:

Die Qualitätskontrolle, welche sonst auf diesem Niveau aufgrund der wirtschaftlichen Aspekte unmöglich wäre. Der Validierungszwang selbst bringt ebenfalls Vorteile: Man wird gezwungen, die Anforderungen gegenüber dem Senior Management zu verkaufen. Des weiteren wurde die internationale Akzeptanz, vor allem bei unseren amerikanischen Kollegen, durch die Validierung stark gefördert.

A.N:
Die Validierung bringt Qualität in die Systeme. Wir arbeiten nun viel strukturierter und führen eine gemeinsame Terminologie, eine einheitliche Sprache. Die Konsolidierung ist sicherlich ein grosser Zusatzaufwand.

G.B.:
Generell wurde der Qualitätsstandard unserer Systeme und Dienstleistungen erhöht.

3-Was erachten Sie als erwähnenswerte Nachteile der bei uns durchgeführten Validierungstätigkeiten?

P.R.:
Es liegt wohl in der Natur der Dinge, dass eine Validierung immer aufwendig und teuer ist. Das Personal musste teilweise Aufgaben übernehmen, die es nicht gerne gemacht hat. Die Ressourcen waren ein grosses Problem. Dies hat oft zu Engpässen geführt, da die Ressourcen beschränkt waren. Die Änderung in der Durchführung der täglichen Aufgaben behagt dem Personal teilweise nicht.

O.W.:
Der Aufwand, die benötigte Zeit, die benötigten Kosten, sowie die Ressourcenbindung. Das eingeführte Change Management trifft jedes Projekt generell ist Herz. Änderungen können vor allem zu Beginn nicht mehr effizient durchgeführt werden. Die Flexibilität nahm dadurch ab. Der Niveausprung und die Lernkurve waren enorm. Dies ist unterschätzt worden. Firmenintern war zu Beginn keine Validierungsverantwortlichen vorhanden. Die Grenzen waren dadurch zu wenig bekannt. Die Zusammenarbeit mit der Qualitätssicherungsabteilung war zu Beginn inexistent. Diese mußte sich zuerst entwicklen. Mittlerweile ist sie gut.

A.N:
Die Reaktionszeiten werden langsamer aufgrund der regulatorischen und dokumentarischen Flut die zu erfüllen ist. Das Personal begreift nicht immer um was es eigentlich geht. Dies braucht Zeit, denn die Validierung bedeutet einen grossen Kulturwandel. Was früher oft auf Zuruf geschah, muss heute mit Formularen durchgeführt werden.

G.B.:
Die Flexibilität nimmt ab. Der Zeitaufwand steigt. Die Validierung war mit hohen Kosten verbunden und das Change Management gestaltet sich als schwierig.

4-Was haben wir nach Ihrer Meinung gut gemacht?

P.R.:
Alle Erwartungen wurden weitgehend und im Rahmen der Möglichkeiten erfüllt. Der Wille war vorhanden. Es sind viele gute Sachen entstanden. Unsere Dokumentation ist nun in einer strukturierten Form. Wir werden sehen, wie es nun weitergeht. Vorerst haben wir das Ziel erreicht, was sehr gut ist.

O.W.:
Die Folgen des Einsatzes des Validierungs V-Modells waren gut. Der Qualitäts- und Ressourcenmix war lobenswert. Es konnte eine gute Effizienz erzielt werden. Wir haben das Ziel erreicht, jedoch nicht immer auf dem effektivsten Weg. Einem Audit können wir ohne Ängste entegegensehen. Trotz der kleineren Probleme haben wir meines

Erachtens einen guten Mittelweg zwischen Kosten und Rückzahlung erzielen können.

A.N:
Innerhalb der begrenzten Ressourcen wurde der Wandel vollzogen.

G.B.:
Wir sind trotz Mehrfachbelastungen zu einem Ergebnis gekommen. Die Dokumentation kann sich sehen lassen. Wir sind definitiv wieder einen Schritt weitergekommen.

5-Wo hätte nach Ihrer Meinung Verbesserungspotential bestanden?

P.R.:
Wir hätten für die Validierung mehr Zeit benötigt. Die Aufgaben hätten zum Teil besser verteilt werden können. Oft sind die Aufgaben auf einigen wenigen Schultern gelegen. Die Projektstruktur hätte also besser ausgelegt werden können.

O.W.:
Wir hätten von Beginn an einen firmeninternen Validierungsmanager gebraucht, der sich traut einen effektiveren, schlankeren Weg zu gehen. Das Change Management ist sehr schwierig. Interdisziplinär war vor allem zu Beginn nur geringe Zusammenarbeit zwischen den Teams vorhanden. Dies förderte die Akzeptanz und das Verständnis zu wenig und führte oft zu Parallelbelastungen.

A.N:
Die Risikoanalyse hätte über Zweitmeinung verifiziert werden müssen. Leider war hierfür zu wenig Wissen vorhanden. Der Tenor war: Overkill Eine rhetorische Frage: „Müssen der Instrumentenbau und die Prozessvalidierung gleich behandelt werden?"
Das Anfangswissen war zu gering
Die IT Infrastruktur- und die ERP Validierung hätten eventuell gleichgeschaltet werden sollen. So haben zwei Herzen in einer Brust geschlagen, was schade war.

G.B.:
Wir hätten länger an einem Stück ein Thema abschliessen sollen, den Tagesbetrieb dafür auch vermehrt verlassen sollen. Die Effizienz hat zum Teil gefehlt. Inwieweit wird der Validierungsaufwand unserer Firma gerecht? Unser Bereich ist lediglich eine sekundäre Verwaltungsposition und nicht pharmazeutisch. Wir sind nach deutscher Gründlichkeit vorgegangen, wodurch unser System wahrscheinlich durchdachter, jedoch weniger effizient ist.

6-Wie empfanden Sie die Zusammenarbeit mit der Beratungsfirma? Vorteile, Nachteile?

P.R.:
Grundsätzlich positiv.

O.W.:
Der grosse Vorteil war das Wissen und die Erfahrung aus anderen Firmen. Als Nachteil Empfand ich den 100% Ansatz der Beratungsfirma, welche sich dadurch verständlicherweise abgesichert haben und Ihre „Excellence of work" bewiesen haben. Es wurden Stundenleistungen verkauft. Gegenfrage: „Wieso mussten wir die IT Validierung in vier Teilbereiche aufgliedern?". Mir hat der rote Faden teilweise stark gefehlt – respektive er hat sich verändert. Redundanzen, Abweichungen in den Vorlagen und ein duales Dokumentensystem waren die Folge. Wichtig erscheint mir, dass die Chemie zur effektiven Arbeit stimmt. Hier waren zum Teil Defizite vorhanden – eine menschliche Komponente.

A.N:
Ein grosser Vorteil war das Wissen der Beratungsfirma. Nach meiner Meinung wurde die IT-Validierung teilweise nach Pharma Kriterien durchgeführt und somit überrissen. Am Anfang war die Validierung zu wenig durchgeplant. Die Pyramide hat sich zum Teil umgekehrt: Immer wieder musste etwas zusätzlich gemacht werden. Es waren daher viele Widersprüche vorhanden. Die „Management Attention" war schlecht, vor allem im Rahmen der Qualitätssicherungsabteilung. Diese ist erst gekommen als alles bereits vorhanden war.

G.B.:
Ich empfand die Zusammenarbeit generell als positiv. Die Grenze, was in unserem Rahmen erforderlich und was nicht erforderlich ist war mir oft zu hoch gesetzt. Der Dokumentationsaufwand hätte wahrscheinlich pointierter gemacht werden müssen. Leider war die Beratungsfirma nur sporadisch präsent. Der „Drive" fehlte teilweise.
Finanzbereich: Teilweise fehlen Dinge. Braucht es nicht - Punkt

7-Hätten Sie nach den gleichen Schritten im Projektvorgehensmodell vorgegangen?

P.R.:
Der Projektumfang, was die Grenzen zwischen der Schweiz, USA etc., war fliessend. Das Personal hätte besser zugeteilt werden müssen. Wenn Beratungsfirma, das Projektteam und die Koordination in drei verschiedenen Ländern liegen wird es schwierig. Hier wäre vielleicht Sponsoring nötig gewesen. Die Ressourcen unsererseits waren ein grosses Problem. Die Qualitätssicherungsabteilung hätte mehr Engagement und Flagge zeigen müssen. Wir haben sehr wenig Feedback erhalten. Ich habe die Froschperspektive und kann daher sonst nicht mehr dazu sagen.

O.W.:
80-85 % wären von mir aus vom Projekt-Modell gleich abgelaufen. Rund 20% sind zusätzliche Ergebnisse gewesen. Die zu erreichende Qualität liegt nach meiner Meinung durch den wesentlich höheren Anspruch über 100%, was einen grossen Qualitätssprung bedeutet.

A.N:
Es gibt Dinge, die ich anders gemacht hätte. Die Entscheide hätten viel mehr aus Kundensicht gefällt werden müssen. Unser Projekt war zu sehr durch die Beratung getrieben. Der Start war nicht schlecht, jedoch war die anfängliche Schlussfolgerung: Es gibt einen riesigen Zusatzaufwand.

G.B.:
Nein. Grundsätzlich war das Vorgehensmodell in Ordnung. Die Trennung zwischen laufender Projektvalidierung und der Validierung unserer IT Infrastruktur war gut. Die Koordination ist verbesserungswürdig.

8-Wie denken Sie, wird es weitergehen nachdem wir unsere Systeme und Prozesse nun validiert haben?

P.R.:
Ich habe meinerseits viele offene Fragen: Was geschieht mit der Dokumentation? Ist diese in sich geschlossen? Ist das Bewusstsein bei den Mitarbeitenden nun wirklich vorhanden? Mein Gefühl sagt mir, dass den Leuten dies nicht wirklich bewusst ist. Meiner Meinung nach muss jetzt die IT Operation und die Projektvalidierung konsolidiert werden. Hier gibt es noch viele offene Punkte. Eine Stabsstelle, die Validierungs-, Sicherheits- und Qualitätsaspekte abdeckt, ist dringend vonnöten.

O.W.:

Der Change Prozess ist klar definiert und wird so gelebt werden. Der Validierungsstatus muss aufrecht erhalten werden. Ein Validierungsmanager innerhalb der Abteilung muss eingesetzt werden. Die Validierung hilft uns sehr, den notwendigen Bürokratismus durchzusetzen. Die Begründung: „Wir müssen dies aufgrund der Validierung tun" hilft uns sehr unsere Ziele zu erreichen.

A.N:

Es bedeutet einen sehr hohen Aufwand, bis der Kulturwandel vollzogen ist. Nur mit einer dedizierten Person wird das Change Management zukünftig durchgeführt werden können.

Es sind derzeit keine massiven Lücken vorhanden. Die jetzt noch offenen Punkt sind zu erledigende Fleissarbeit.

G.B.:

Wir müssen schauen, dass es nicht einschläft. Der Change Management Prozess ist noch nicht sauber implementiert. Wir brauchen einen Validierungsmanager, der Prozesseigner vom Prozess werden muss. Sonst läuft rechts und links alles vorbei und der validierte Zustand kann nicht beibehalten werden. Eine DMS Software wäre ein wichtiges Werkzeug.

10 Anhang

10.1   Quellenverzeichnis

Die untenstehend aufgeführten Quellen wurden zur Erarbeitung dieser Diplomarbeit verwendet. Diese bilden eine ideales, vertieftes Literaturstudium für den interessierten Leser und Personen, welche an der Validierung computerisierter Systeme beteiligt sind.

10.1.1   Literaturverzeichnis

GAMP-Forum: GAMP4-Leitfaden zur Validierung automatisierter Systeme, Brüssel, 2001

Böckmann, Rolf-Dieter et al.: MPG & Co. – Eine Vorschriftensammlung zum Medizinprodukterecht mit Fachwörterbuch, Köln, 2003

Weder, Jürg: Betriebliche Anwendungen der Informatik – Industrie, Deutsche Nationalbibliographie, 2003

10.1.2   Internet

www.validieren.de
(Stand: 1. März 2005)

www.XY.com/index/com-ou_gr-entry/com-ou_gr-history.htm
(Stand: 1. März 2005)

www.vdgh.de/internet/Informationen_und_Publikationen/Kompendie
n/Medizinprodukterecht/mpr.htm
(Stand: 1. März 2005)

www.gitverlag.com/media/downloads/themen/thema_4091030b97126.p
df
(Stand: 15. Februar 2005)

www.fda.gov/cdrh/fr1007ap.pdf
(Stand: 15. Februar 2005)

www.newapproach.org/Directives/DirectiveList_Print.asp
(Stand: 17. Februar 2005)

www.picscheme.org/
(Stand: 02. März 2005)

www.ispe.org
(Stand: 20. Dezember 2005)

www.apv-mainz.de/pdf_publikationen/annex.pdf
(Stand: 04. Februar 2005)

www.ghtf.org/sg3/inventorysg3/sg3_fd_n99-10_edition2.pdf
(Stand: 05. Februar 2005)

www.tc176.org/PDF/News_Articles/2002/2002_5.pdf
(Stand: 14. Februar 2005)

users.informatik.haw-hamburg.de/~khb/st4se2/node12.html
(Stand: 20. Februar 2005)

www.it-infothek.de/fhtw/grund_wi_05.html#grund_wi_05_13
(Stand: 20. Februar 2005)

www.it-infothek.de/fhtw/grund_wi_05.html
(Stand: 20. Februar 2005)

10.1.3   Interviews

15. März 2005:   Interview mit R.S., Mitarbeitender QA

04. April 2005:   Interview mit P.R.,
                     Mitarbeitender IT Validierung

04. April 2005:   Interview mit O.W.,
                     Teilprojektleiter ERP Einführung

04. April 2005:   Interview mit A.N.,
                     Teilprojektleiter ERP Einführung

04. April 2005:   Interview mit G.B.,
                     CIO

10.1.4   Endnotenverzeichnis

[1]   Vgl. www.validieren.de
        (Stand: 2. Januar 2005)

[2]   Vgl. Medienmitteilung der Firma XY vom 15. März 2005

[3]   Vgl. www.XY.com/index/com-ou_gr-entry/com-ou_gr-history.htm
        (Stand: 2. Februar 2005)

[4]   Interview mit R. S., Mitarbeitender QA, vom 29.03.2005

[5]   Vgl. www.validieren.de
        (Stand: 1. März 2005)

[6]   Vgl.
        http://www.vdgh.de/internet/Informationen_und_Publikationen/Ko
        mpendien/Medizinprodukterecht/mpr.htm
        (Stand: 1. März 2005)

[7]   Vgl.
        http://www.gitverlag.com/media/downloads/themen/thema_4091030b
        97126.pdf
        (Stand: 15. Februar 2005)

[8]   Vgl. http://www.fda.gov/cdrh/fr1007ap.pdf
        (Stand: 15. Februar 2005)

[9]   Vgl.
        http://www.newapproach.org/Directives/DirectiveList_Print.asp
        (Stand: 17. Februar 2005)

[10]   Vgl. GAMP4-Leitfaden zur Validierung automatisierter Systeme (2001, S. 22, Anhang 09)

[11]   Vgl. http://www.picscheme.org/ (Stand: 02. März 2005)

[12]   Vgl. GAMP4-Leitfaden zur Validierung automatisierter Systeme (2001, S. 11, 13 und 15

[13]   Vgl. www.ispe.org (Stand: 20. Dezember 2005)

[14]   Vgl. www.validieren.de (Stand: 2. Januar 2005)

[15]   Vgl. http://www.apv-mainz.de/pdf_publikationen/annex.pdf (Stand: 04. Februar 2005)

[16]   Vgl. http://www.ghtf.org/sg3/inventorysg3/sg3_fd_n99-10_edition2.pdf (Stand: 05. Februar 2005)

[17]   Vgl. http://www.tc176.org/PDF/News_Articles/2002/2002_5.pdf (Stand: 14. Februar 2005)

[18]   Vgl. http://www.picscheme.org/ (Stand: 18. Februar 2005)

[19]   Vgl. http://www.picscheme.org/ (Stand: 18. Februar 2005)

[20]   Eigene Aufbereitung in Anlehnung an http://users.informatik.haw-hamburg.de/~khb/st4se2/node12.html (Stand: 20. Februar 2005)

[21]   Vgl. http://users.informatik.haw-hamburg.de/~khb/st4se2/node12.html (Stand: 20. Februar 2005)

[22]   Eigene Aufbereitung in Anlehnung an http://users.informatik.haw-hamburg.de/~khb/st4se2/node12.html (Stand: 20. Februar 2005)

[23]   Vgl. http://users.informatik.haw-hamburg.de/~khb/st4se2/node12.html (Stand: 20. Februar 2005)

[24]   Eigene Aufbereitung in Anlehnung an http://users.informatik.haw-hamburg.de/~khb/st4se2/node12.html (Stand: 20. Februar 2005)

[25]   Vgl. http://users.informatik.haw-hamburg.de/~khb/st4se2/node12.html (Stand: 20. Februar 2005)

[26]   Eigene Aufbereitung in Anlehnung an http://www.it-infothek.de/fhtw/grund_wi_05.html#grund_wi_05_13 (Stand: 20. Februar 2005)

[27]   Vgl. http://www.it-infothek.de/fhtw/grund_wi_05.html (Stand: 20. Februar 2005)

[28]   Vgl. GAMP4-Leitfaden zur Validierung automatisierter Systeme (2001, S. 19, 20

[29]   Eigene Aufbereitung in Anlehnung an den GAMP4-Leitfaden zur
         Validierung automatisierter Systeme (2001, S.20)

[30]   Vgl. GAMP4-Leitfaden zur Validierung automatisierter Systeme (2001, S.
         21)

[31]   Eigene Aufbereitung in Anlehnung an den GAMP4-Leitfaden zur
         Validierung automatisierter Systeme (2001, S.22)

[32]   Eigene Aufbereitung

[33]   Vgl. GAMP4-Leitfaden zur Validierung automatisierter Systeme (2001, S.
         29, 30)

[34]   Vgl. GAMP4-Leitfaden zur Validierung automatisierter Systeme (2001, S.
         32-35)

[35]   Eigene Aufbereitung in Anlehung an GAMP4 - Additional Material: Final
         Draft IT Infrastructure Quality Assurance (Nov. 2000)

[36]   Vgl. http://www.apv-mainz.de/pdf_publikationen/annex.pdf
         (Stand: 04. Februar 2005)

[37]   Vgl. GAMP4-Leitfaden zur Validierung automatisierter Systeme (2001, S.
         32ff.)

[38]   Vgl. GAMP4-Leitfaden zur Validierung automatisierter Systeme (2001, S.
         35)

[39]   Eigene Aufbereitung

[40]   Vgl. [32]

[41]   Eigene Aufbereitung in Anlehnung an GAMP4 - Additional Material: Final
         Draft IT Infrastructure Quality Assurance (Nov. 2000)

[42]   Eigene Aufbereitung

[43]   Eigene Aufbereitung

[44]   Eigene Aufbereitung

10.2 Übrige Verzeichnisse

10.2.1 Abkürzungsverzeichnis

Abkürzung	Erklärung
ABPI	Association of the British Pharmaceutical Industry
ALH	Anwender-Lastenheft
APV	Arbeitsgemeinschaft für pharmazeutische Verfahrenstechnik
CAR	Compliance Assessment Review
CFR	Code of Federal Regulation, FDA
cGMP	Current Good Manufacturing Process
d.h.	Das heist
DMS	Document Management System
Et al	Und andere
Etc	Et Cetera
FDA	Food and Drug Administration
ff	Fortfolgende
FS	Functional Specification
GAMP	Good Automated Manufacturing Practice
GHTF	Global Harmonization Taskforce
IEC	International Electrotechnical Commission
IS	Informations-System/e
ISO	International Organization for Standardization
ISPE	International Society of Pharmaceutical Engineering
IT	Informations-Technologien
IUK	Informations- und Kommunikations-Systeme
IVDD	In vitro Diagnostika Direktive
LAN	Local Area Network
MVP	Master Validation Plan
MVP	Master Validierungs-Plan
PC	Personal Computer
PH	Pflichtenheft
PIC/S	The Pharmaceutical Inspection Convention and Pharmaceutical Inspection Co-operation Scheme
PIP	Product Innovation Process
PQG	Pharmaceutical Quality Group
QA	Quality Assurance
QS	Qualitäts-Sicherung
QSR	Quality System Regulation. Ersetzt die Abkürzung GMP im Medizinalgeräteumfeld.
SOP	Standard Operating Procedure
SOP	Arbeitsanweisung, Englisch: Standard Operating Procedure
TC	Technical Committee
T-US	XY Niederlassung in Raleigh/Durham, NC - USA
TÜV	Technischer Überwachungs-Verein
URS	User Requirements Specification
USA	United States of America
USPHS	United States Public Health Service
Vgl.	Vergleiche
VP	Validierungs-Plan
WAN	Wide Area Network
WHO	World Health Organization
z.B.	Zum Beispiel

10.2.2 Abbildungsverzeichnis

10.2.3 Tabellenverzeichnis

10.3 Diverse Unterlagen

10.3.1 Review Checklist

General Documentation Standards

No.	Question	Yes	No	Do not know	Not relevant
1.	Is the document available as electronic record or hardcopy?	☐	☐	☐	☐
2.	Is the document referenced in a document list or in other documents?	☐	☐	☐	☐
3.	What is the document identification § Special ID § Document Title § File name			☐	☐
4.	Is the document identification consistent on § Footer § Header § Page numbering	☐	☐	☐	☐
5.	Is the document version clear § Within the document § By filename § By storage location	☐	☐	☐	☐
6.	Where is the document located § Paper version § Electronic version			☐	☐
7.	Does a change history exist § Within the document as history table § Outside of the document § Showing the changes, date and person	☐	☐	☐	☐
8.	How are old versions treated § Removed from location § Clearly marked as outdated § not deleted § Archived	☐	☐	☐	☐
9.	Does the document contain § Table of contents § List of referenced documents § Numbering of sections / chapters § References to other documentation § Glossary, terms, abbreviations § Index	☐	☐	☐	☐
10.	Is the document protected § By storage location § By backup / restore § To prohibit falsification § To prohibit deletion § To prohibit uncontrolled changes	☐	☐	☐	☐
11.	Does the document contain evidence of § Authorship § Verification § Approval § Handwritten signatures § Version dates	☐	☐	☐	☐

Content Assessment

No.	Question	Yes	No	Do not know	Not relevant
12.	Is the document comprehensive § For the intended audience § Scope definition § Introduction § Abbreviations § Definitions	☐	☐	☐	☐

13.	Is the document logically structured?	☐	☐	☐	☐
14.	Does the content reflect the intended situation?	☐	☐	☐	☐
15.	Does the content reflect the ACTUAL situation?	☐	☐	☐	☐
16.	Are the references correct?	☐	☐	☐	☐
17.	Does the document fulfill the content described by a guideline like PROMET, ISO, GAMP or the XY standards (e.g. SOP template)?	☐	☐	☐	☐
18.	Is the correct template used? § QS Form § PROMET § other	☐	☐	☐	☐

Based on the Guideline Standard, fill out the appropriate doctype specific requirements! If the doctype is unknown, fill out all sections.

Doctype Specific Assessment
Process List - PRLI

No.	Question	Yes	No	Do not know	Not relevant
19.	Do all processes have clearly distinctive behaviors or flows of events?	☐	☐	☐	☐
20.	Do the processes have unique, intuitive, and explanatory names so that they cannot be mixed up at a later stage?	☐	☐	☐	☐
21.	Are names and descriptions of the processes understandable? Each process name must describe the behavior the process supports.	☐	☐	☐	☐
22.	Are all processes of low complexity?	☐	☐	☐	☐

Activity Chain Diagram - ACD
General

No.	Question	Yes	No	Do not know	Not relevant
23.	Do all activities have clearly distinctive behaviors or flows of events?	☐	☐	☐	☐
24.	Do the activities have unique, intuitive, and explanatory names so that they cannot be mixed up at a later stage?	☐	☐	☐	☐
25.	Are names and descriptions of the activities understandable?	☐	☐	☐	☐
26.	Are all activities of low complexity?	☐	☐	☐	☐

Characteristic Information

No.	Question	Yes	No	Do not know	Not relevant
27.	Is it clear who wishes to perform a process?	☐	☐	☐	☐

| 28. | Is the purpose of the process also clear? | ☐ | ☐ | ☐ | ☐ |
| 29. | Is it clear how and when the process's flow of events starts and ends? | ☐ | ☐ | ☐ | ☐ |

Main Success Scenario, Scenario Extensions, Scenario Variations

No.	Question	Yes	No	Do not know	Not relevant
30.	Does the communication sequence between actor (what is an actor?) and process conform to the user's expectations?	☐	☐	☐	☐
31.	Is the activity in a process modeled accurately?	☐	☐	☐	☐
32.	Do all processes contain only one flow of events?	☐	☐	☐	☐
33.	Behavior might exist that is activated only when a certain error condition is met. Is there a description of this error condition?	☐	☐	☐	☐

Related Information

No.	Question	Yes	No	Do not know	Not relevant
34.	Are the actor's interactions and exchanged information clear?	☐	☐	☐	☐

Process Description – PRDE, Functional Specification – FS, Design Specification – DS

General

No.	Question	Yes	No	Do not know	Not relevant
35.	Is the role of the PRDE/FS/DS within the system and the relationships between this PRDE/FS/DS and other PRDE/FS/DS components given?	☐	☐	☐	☐
36.	Are the assumptions about the environment including operating system, user interface, program, data management, data interchange, graphics, and network services given?	☐	☐	☐	☐
37.	Are non-functional requirements, if applicable to this process, taken into consideration?	☐	☐	☐	☐

Technical Description

No.	Question	Yes	No	Do not know	Not relevant
38.	Is the design of the process given in terms of execution control and data flow?	☐	☐	☐	☐
39.	Are the design requirements, constraints, limitations and unusual features of the process or functionality given?	☐	☐	☐	☐

40.	Are the relationships and interactions between the processes / functionalities given?	☐	☐	☐	☐
41.	Is there a reference between the business process steps and how it is technically implemented in the software product?	☐	☐	☐	☐
42.	Are the implementation constraints given i.e. interfaces to other processes or functions?	☐	☐	☐	☐

External Interfaces

No.	Question	Yes	No	Do not know	Not relevant
43.	Is an informal description of each interface given?	☐	☐	☐	☐
44.	Are the initiation criteria for each interface given?	☐	☐	☐	☐
45.	Is the expected response of each interface given?	☐	☐	☐	☐
46.	Are the protocol and the conventions for each interface given?	☐	☐	☐	☐
47.	Are the error identification, handling and recovery functions or procedures described?	☐	☐	☐	☐
48.	Are the implementation constraints for each interface given?	☐	☐	☐	☐

Characteristics
Completeness

No.	Question	Yes	No	Do not know	Not relevant
49.	Are the process/functional requirements fulfilled?	☐	☐	☐	☐
50.	Is there enough data (logic diagrams, algorithms, storage allocation charts, etc.) available to ensure design integrity?	☐	☐	☐	☐
51.	Does the PRDE/FS/DS describe the operational environment into which the process must fit?	☐	☐	☐	☐
52.	Does the PRDE/FS/DS reference the appropriate programming standards?	☐	☐	☐	☐
53.	Is each activity described by name and a process-unique identifier?	☐	☐	☐	☐
54.	Is the purpose of each activity clearly described?	☐	☐	☐	☐

Consistency

No.	Question	Yes	No	Do not know	Not relevant
55.	Is the style of presentation and the level of detail consistent throughout the document?	☐	☐	☐	☐
56.	Is there a description of the compatibility of the interfaces?	☐	☐	☐	☐
57.	Is the PRDE/FS/DS free of internal contradictions?	☐	☐	☐	☐

| 58. | Is input and output criteria or formats consistent? | ☐ | ☐ | ☐ | ☐ |
| 59. | Are the designs for similar or related functions consistent? | ☐ | ☐ | ☐ | ☐ |

Accuracy

No.	Question	Yes	No	Do not know	Not relevant
60.	Does the system perform only the described functions? If not, is the difference in performance (better or worse) justified in the documentation?	☐	☐	☐	☐
61.	Does the process design fit the business need?	☐	☐	☐	☐
62.	Do interface designs agree with documented descriptions and known properties of the interfaces?	☐	☐	☐	☐

Modifiability

No.	Question	Yes	No	Do not know	Not relevant
63.	Are the descriptions organized in such a way that changes in the processes can be accomplished with minimal effort?	☐	☐	☐	☐
64.	Does each activity/unit (process step?) have a single functionality?	☐	☐	☐	☐

Modularity

No.	Question	Yes	No	Do not know	Not relevant
65.	Is the document made up of modular parts to make updating easier?	☐	☐	☐	☐

Structure

No.	Question	Yes	No	Do not know	Not relevant
66.	Does the design use a logical hierarchical control structure?	☐	☐	☐	☐

Traceability

No.	Question	Yes	No	Do not know	Not relevant
67.	Does the PRDE/FS/DS contain or reference a revision history that identifies all modifications to the design and the rationale for these changes?	☐	☐	☐	☐
68.	Does the PRDE/FS/DS show mapping and complete coverage of all requirements and design constraints?	☐	☐	☐	☐
69.	Does the PRDE include a downward and an upward traceability matrix?	☐	☐	☐	☐

Unambiguousness

No.	Question	Yes	No	Do not know	Not relevant
70.	Does the PRDE/FS/DS avoid unnecessarily complex designs and design representations?	☐	☐	☐	☐
71.	Is the PRDE/FS/DS written to provide unambiguous interpretation?	☐	☐	☐	☐

Verifiability

No.	Question	Yes	No	Do not know	Not relevant
72.	Does the PRDE/FS/DS describe each activity/function using well-defined notation so that the PRDE/FS/DS can be verified against the functional or user requirements?	☐	☐	☐	☐
73.	Are conditions, constraints identified quantitatively so that tests may be designed?	☐	☐	☐	☐

Customizing Documentation – CUST

No.	Question	Yes	No	Do not know	Not relevant
74.		☐	☐	☐	☐
75.		☐	☐	☐	☐
76.		☐	☐	☐	☐
77.		☐	☐	☐	☐

Test Plans / Test Reports, Qualifications – IQ, OQ, PQ

No.	Question	Yes	No	Do not know	Not relevant
78.	Was the test plan approved before execution?	☐	☐	☐	☐
79.	Is there any evidence that the test plan covers all identified risks?	☐	☐	☐	☐
80.	Does the test plan clearly state the expected result for each step?	☐	☐	☐	☐
81.	Are the preconditions, setup steps clearly described?	☐	☐	☐	☐
82.	Is all information available to repeat the test?	☐	☐	☐	☐
83.	Is traceable who performed the test?	☐	☐	☐	☐
84.	Is the test traceable to user requirement specifications?	☐	☐	☐	☐
85.	Is the test traceable to functional specifications?	☐	☐	☐	☐
86.	Is the test traceable to design specifications?	☐	☐	☐	☐
87.	Is the test traceable to customizing?	☐	☐	☐	☐
88.	Is the test complete?	☐	☐	☐	☐
89.	Is the test data retained?	☐	☐	☐	☐
90.	Is there documented evidence of the test execution?	☐	☐	☐	☐

91.	Are all signatures provided and complete?	☐	☐	☐	☐
92.	Does the test report show any evidence that the tester followed the instructions?	☐	☐	☐	☐
93.	Are screenshots or results provided?	☐	☐	☐	☐
94.	If the test failed, are the corrective measures traceable?	☐	☐	☐	☐
95.	Were failed tests or test steps repeated?	☐	☐	☐	☐
96.	Is there an error report generated for each error found in testing?	☐	☐	☐	☐
97.	Is the solution documented in the error report?	☐	☐	☐	☐